To Mike Bacon
with my highest

Respect

Sincerely

[signature]

Fall of 2021

A book belongs to the readers mind.

DONALD TRUMP ENDORSE THE CORRUPTION AND MURDER OF DRUG CARTELLS IN MEXICO.

Who attacks the true?

The ones who point it?

Or the ones who hide it?

¿Quién ataca a la verdad?

¿Los que lo señalan?

¿O los que la esconden?

America don't give citizenships to the ones that deserve, they sell it, in many cases to some criminals.

Estados Unidos no les da ciudadanía a los que la merecen, sino que se la venden a algunos delincuentes.

Immigration Customs Enforcement is the only Government Agency without budget, they operate with money people pay.

El Servicio de Inmigración y Control de Aduanas es la única agencia gubernamental sin presupuesto, operan con el dinero que la gente paga.

A book belongs to the readers mind.

To Mr. Donald Trump

President of the United States

Dear Mr President, in every speech you defend the true, a basic tool to keep, Justice, Democracy and Peace, imperative to preserve America free, but seems in Mexico you endorse the opposite.

Sadly my native Mexico, is the country where more journalist are murder in the world, in the mean time, drug cartels, mobs, are doing a huge association with international criminal organizations. United States is loosing his best neighbor. Your beligerant rhetoric is only on your speech, but in the backstage, your policies endorse the growth of drug cartels in Mexico.

We share the largest border with the highest transit of documented and undocumented crossings in the world; historicly also we share families relationship in both sides since the border line that in the past, it crossed many Mexicans.

So that is enough, to ask you couple things:

Don't deport the hard working people that are burning their skin roofing houses; or harvesting oranges in plantations of Florida, or Potatos in Idaho, or onions in Vidalia, Georgia. You are doing the right way jailing drug dealers, gangs and criminals.

Create a visa for families of killed journalist in Mexico and anywhere, it will enhance the leadership of justice that represents America in the World.

Thank you,

With my highest respect,

Francisco Manuel Duran Rosillo

DONALD TRUMP ENDORSE THE CORRUPTION AND MURDER OF DRUG CARTELLS IN MEXICO.

Attacks on Jew community are enhanced for enemies of freedom that don't like that America be a country of immigrants.

Those attackers are the real deplorables and they are ignorant and don't understand that the precense of Jew communities as well others in United States, keep this country strong.

The Strategy of Donald Trump to stop drugdealers:

Estrategia del Presidente Donald Trump para acabar con los Carteles de la droga:

Declaring Drug Cartells, as a Terrorist Groups, every naturalized citizen who help these organizations or is associated in business with them, will loose the citizenship. Treasury, ICE and Homeland Security Agents already begin confiscating evidence in business owned by immigrants, under investigation of money laundry. Al declarar a los carteles de la droga, como Grupos Terroristas, cada ciudadano naturalizado que ayuda a estas organizaciones o está asociado en negocios con ellas, perderá la ciudadanía y será deportado. Los agentes del Tesoro, ICE y Seguridad Nacional ya comienzan a confiscar evidencia en negocios propiedad de inmigrantes, bajo investigación de lavado de dinero.

Adultery is typified as a crime in the immigration federal laws, is común see ladies that have kids with different fathers without justification of legal marriages; it is aduletery, meanwhile unions are not legally justified with marriages and divorces, processed in the court of law. That will be the other strong legal argument the administration will use to deport hundreds of thousands immigrants, consanguineous fathers and mothers. With these actions Federal

DONALD TRUMP ENDORSE THE CORRUPTION AND MURDER OF DRUG CARTELLS IN MEXICO.

government likes also verify the illegal traffic of kids during the caravans on the border, in the ones many minors were sent alone, with relatives.

El adulterio esta tipificado como delito en las leyes federales de inmigracion, es común ver a las mujeres que tienen hijos con padres diferentes sin estar legalmente casados, eso, es aduleterio, mientras que las uniones no están legalmente justificadas con matrimonios y divorcios, procesados en el tribunal de justicia. Ese será el otro argumento legal fuerte que la administración utilizará para deportar a cientos de miles de inmigrantes padres y madres consanguíneos de los hijos.

Also the ones that lie to make a fake marriage just to get visa or citizenship papers, it is very notorious, on couples, in some cases, that get married several times, due after they got the residence they divorce.

También los que mienten para hacer un matrimonio falso solo para obtener visa o documentos de ciudadanía, es muy notorio, en parejas, en algunos casos, que se casan varias veces, después de que obtuvieron la residencia.

7

As the proverb said, the person that lies once: lies the rest of his life, and it could affect a lot the huge portion of inmigrants.

Como decía el proverbio, la persona que miente una vez: miente el resto de su vida, y podría afectar mucho a la gran parte de los inmigrantes.

MEDIA MONOPOLIES ARE LOOSING CREDIBILITY
PEOPLES VOICE IS MUTE IN SOCIAL NETWORKS

If you see all many topics on this book are focused to show how the press machinery in United States is narcotizing the Public Opinion domesticly and internationally, giving space and dominance to social networks trends of people that expose their own points of view. In some times drastic, unfair, very fair, but the good point is the public opinion is not in hands of monopolies anymore, it is passing to people. Even Facebook, Twitter and Instagram censorship some people and comments show everything is changing for good and for everybody. It is still manipulation.

The format of this book is chronological based on the events and the preponderancy of peoples feelings who transpire frustration in many aspects that current leaders don't care. Mass Media are focused to make money, not to inform the true and create public opinion.

DONALD TRUMP ENDORSE THE CORRUPTION AND MURDER OF DRUG CARTELLS IN MEXICO.

A book belongs to the readers mind.

BOTH SIDES OF THE STORY: AMERICA UNDERGROUND

This book is dedicated to all parts of the polemic issues about immigration circle, everything back to the same place: A Country of Immigrants. The United States of America is a powerful country enhanced by immigrant generations that diminished the power of Native Americans. Believe it or not; there are communities along Latin America whose blood is coming from Navajos, Apaches, Cherokees, Kikapoos.

Many crossed the border, other were cross by the border, and so many come back as immigrants in their ancestors land, to work in many cases as slaves, without rights, making the few money that support their families.

On one side of the coin, the controversy, there are drug dealers that embrace the immigration concept to do their dirty business of smuggling drugs and people trata while also engaging in human and sex trafficking.

Still, not all immigrants are dangerous. The problem is when some, manipulated by drug cartels, come to colonize with drugs and violence our neighborhoods with their gangs in the USA, not with patriotic purposes; they don't understand history and culture, they like to keep the business of drugs growing and growing. You can recognize the bad immigrants in the gangs and people that launder money and the good

DONALD TRUMP ENDORSE THE CORRUPTION AND MURDER OF DRUG CARTELLS IN MEXICO.

immigrants the people that work hard and develop calluses on their hands and sunburns on their skin. They live on a day to day basis and they send the money to their families in the rural communities of Mexico, they don't create problems, they probe their love to America with their hard work.

I don't want to waste your time with stupid arguments; you have more important things to do. The idea of this book is the compilation of years of research to open your eyes because immigration is a "domino effect" in good and bad ways -(Mexican immigrants work hard in USA, send money to their families and their families buy American products like Coca Cola, Ford, etcetera)- and like it or not, you are one of the dominoes, and the impact will come sooner or later.

The bad domino effect is that american government expect that allowing guns sales to Mexican cartels, violence could diminish, not true, they are kidnaping and killing good and productive Mexicans, the ones that export broccoli to your tables, but like the murder of my cousin that will not happens any more and drug cartels are taking lands under control to produce more amapola, or process there the opioids that daily kill more americans in their own land.

United States is ignoring and helping to destroy their best commercial partner and and political aly in the world: Mexico. Country that is

A book belongs to the readers mind.

almost falling under the control of mobs and the day they do that totally, that day begins the destruction of the United States of America. Just examples that americans ignore: drug cartels control stolen weapons from the army warehouses and the day they want they can take down all commercial flights with those "patriot" missiles; but the problems is not only the Mexican cartels, is that Chinese mob, terrorist from Iran and ISIS, are already infiltrated and developing under the misery belt along the Mexican border, strategic positions to launch into America chemical weapons killing people by millions.

With all the problems there are to obtain a job permit, undocumented immigrants survive in an underground America where they have access to fake or in some cases authentic-looking documents using namesake of a Puerto Rican or Mexican American that match: corruption is dominant when they can't solve situations legally due their undocumented situation. Discovering this underground life and bringing awareness to it may show how the consequences can affect your world and make it sink. Americans love the comfortable life: enjoying time with friends, watching their favorite game, and passing off the responsibilities of caring for their kids, their home maintenance and their house cleaning to nannies, landscapers, subcontractor workers, Uber drivers bringing dinner, and maids. This lifestyle is affordable thanks to immigrants, but we will pay the high cost of cheap labor in the end.

On the flip side of that coin, life for immigrants is different; for example, if they have an accident, they cannot afford the medical bills or car repair bills. Some of them, use welfare stamps to feed their kids and live in government housing. These are expenses that the government provides with taxpayers' money.

In fact at the end of the Day, Donald J. Trump is not doing anything for Mexico, he only make of his neighbord, "the largest filter of undocumented immigrants". The political cost of the manipulation of Mexico in parthnership with Andres Manuel Lopez Obrador, is very expensive.

Both politicians, as "good neighbords" are colluted in a rhetoric of manipulated corruption that is not stoping the drugs distribution in America, and consecuently is not helping to apply justice that stop criminals in Mexico. Andrés Manuel López Obrador is helping Sinaloa

Cartel, prioritizing messages and help to the mother of El Chapo Guzman, and releasing Ovidio Guzman, but he is doing because Donald Trump agrees with such policies and is endorsing a campaign of corruption doing all his dirty jobs in Mexican soil.

A book belongs to the readers mind.

Donald Trump is more corrupt than Manuel Lopez Obrador and his administration due he is endorsing in Mexico actions he cant do in United States of America.

DETERMINATION:

If I write this book as a journalist, I could fail, bringing up only the spectacular issues that these problems present keeping readers' attention and emotions stirred. Putting labels and the objectivity behind, I could sell more copies of this book. I decided not to do that and write it, as a human being with an ordinary sensibility; as a Mexican American, whose roots are in a native American tribe that lives in Tejas, when it was still part of Mexico. Common sense in talking about the good and bad of the aspects of America Underground giving a balance of what some politicians see as, the Divided States of America. However, as an immigrant, a proud naturalized American Citizen that loves this country of opportunities, I notice blacks and whites integrate this country's majority in the population, and we are the halftone that enriches this picture.

Immigration lately has become very contentious; meanwhile the poor come looking for opportunity, escaping violence, and unjust governments. Some newcomers are wealthy people who pay several attorneys to get green cards and citizenship without problems, even using fraudulent marriages to obtain citizenship to the States, but the sad part of it is that they do not build the American dream like many of us. I have seen many cases of how the amnesty of 1986 produced illegal means for young men to buy fake letters from "farmers" and they never worked in agriculture. So in this book, the Americans that only read People Magazine and watch sports, have the opportunity to see the real mirror of immigration to this country.

Out of all the literary styles, this author is trying to give you a research report of all that is happening currently. Immigration labor is cheap, and people love to have somebody who does the house cleaning for them. On the other hand, who is going to pay for migrants' medical benefits when they get old is the question that remains. Also, the undocumented migrant "cures" the needs of many jobs: to keep housing, food and basic needs affordable. Even local, state and federal governments hire undocumented people using job agencies and subcontractors to meet their projects' budgets and deadlines.

But YES immigrants pay in another way, extra money that government and corporations hold and use for other things: Government and employers hold payments from severance, insurance, or pending checks that belong to immigrants that abruptly were deported and never claimed; on the opposite way, corporations and many employers know that immigrants don't return to work if they are in jail or deported, so they do not pay the pending check to relatives and they keep the money. these cases happen to millions of people and nobody does anything to penalize it.

The author of this book tries to check why employers don't pay the pending fees, and they answered: they don't use legal names so if we send the money to the government the money is lost because they can't claim it; due the undocumented situation companies experience a high average of employee rotation, so pending to pay checks, become a part of millions in revenue.

I saw a business that used that money to lend part of it to pay coyotes so employees can bring relatives and friends to work in the company. Once the person is here, the company does not pay money until they recover the average price to cross: 10, 000.00 U.S. dollars.

Americans have no idea about this problem; meanwhile, they have nannies, landscapers, and Mexican restaurants in their neighborhoods in which they drink margaritas with *altered alcohol. *(Note of the author: When I was researching this book, I found a few Mexican restaurants which use Tex-Mex recipes that utilize margarita machines. I will never drink a concoction from these machines. They are trendy because the owners are putting low-quality alcohol in the drinks; it is unhealthy. Once they serve the mix, they put a splash of brand tequila, to keep the taste in the first sip, to keep the business making more revenue. Likewise, I discovered that if you like chorizo-(Mexican meat franks), don't eat them from Mexican stores (if it is not sealed from the Food and Drug Administration), since they mix all the residual from meats that butcher cuts, with vinegar, coca cola, and peppers. The sausage is fake; it is not 100% meat).

Mexican stores that belong to Indians,-(from India)-, Pakistanis, Cubans, Colombians, some of them sell prescription drugs illegally, like penicillium, antibiotics and many to cure minor colds, and on the long range they are creating a huge health problem because consumers are affected and their immune system will not work anymore with other infection, especially if it is contagious. Also they mismanage EBT and food stamps to obtain more ilegal revenuew.

LEGAL RESIDENTS JEOPARDIZE THEIR PAPERS FOR ADULTERY, ILEGAL BUSINESS, PROSTITUTION.

Many criticize the current Federal Immigration law for being obsolete, being that it says people that commit adultery is enough reason to lose legal residence or in some cases the citizenship - (there are many unmarried ladies, that procreate kids with different man). The sad part of it is that a significant majority of people do not respect this law. Many immigrants are sexual slaves employed in massage parlors, and the high proliferation of "Massage Places" is hidden prostitution. To say nothing of the fact that corporations can request international employees because many times they prefer subcontract immigrants who are without any benefits and who are underpaid.

Prostitution in this population shows up in massage places, in escort services, and through money laundering. Many hidden businesses do not pay taxes; these are crimes that happen day to day, all these occur in America's Underground.

Currently, younger generations of immigrants have changed the amalgamation of Americana. In the past, many adapted their life to the American living style embracing the culture: learning English, attending school, getting a diploma. However, now many immigrants own businesses, which are unregulated. They prefer to work underground, with more revenue, but now the proliferation of small stores everywhere, expands the sale of products, (sometimes many of these products without the regulations of the Food and Drug Administration), creating like a black market of products, medications, and gambling services which are manipulated by cartels in the background. Some descents of Cubans, Colombians, Native Americans, and Pakistanis operate these markets. Americans prefer to hire an AC

DONALD TRUMP ENDORSE THE CORRUPTION AND MURDER OF DRUG CARTELLS IN MEXICO.

Technician or plumber or electrician without certification, so they can pay less than when using a professional with a certification which is bonded and insured. Later, this practice hurts them when they try to sell their house; they have a problem since they do not have a valid invoice that certifies the professional service work done. But the problem they face is due their undocumented situation they cant be certified.

According to my research, one AC technician and many electricians "rent" the certification number to many people, and they can buy tools, and materials to do repairs and as the volume or the request for these services is superior every time, to the number of certified technicians available. The people prefer to pay the ones that don't have a certification or use a fake one because it is cheap (the problem is when they have a home inspection to sell the house, they don't have valid paperwork).

Even in the medical field authorities found some Spanish, Venezuelans, Colombians, and Cubans that practice general medicine and plastic surgeries in the kitchens of their homes like Botox treatments. It becomes a real problem for public health, and few people denounce it. The proliferation of Hispanics have the highest average in the 1990's and not only some Mexicans, Colombians, Cubans, Salvadorians,

Guatemalans, that own stores,-(called bodegas which are usually small grocery stores in urban areas specializing in Hispanic groceries)- also many of these stores are owned by Indians, (from India not Native Americans), Pakistanis and the chain grows, many know that they violate the law with the gambling machines, or selling products that are not inspected, like prescription medications from other countries, but as the business is large and profitable, they abuse consumers not only with high prices, but also of customers' ignorance of the laws; through the blindness of local authorities; and patrons' poor knowledge of the English language. Many times, local authorities never inspect these stores. This is the case in Georgia where I did research to write this book.

Being a newspaper and television investigative reporter and the author of this book, I investigated the life of several immigrants from dreamers to people that enroll in the Army with fake documents. Stories of how SOME Latin-Americans bring to their new country some corrupt procedures such as babies from LATAM with fake birth certificates, endorsed by the State Department, a practice that has been common for decades until authorities suspend adoption programs to stop this traffic, problem still happening and the American authorities can stop it with a simple DNA test of the infants' and the presumed parents, but they don't do it.

DONALD TRUMP ENDORSE THE CORRUPTION AND MURDER OF DRUG CARTELLS IN MEXICO.

uncertainty of an unknown future that they accept to be violated is most tragic of all.

It is true that becoming an American Citizen is a privilege that allows you to do big projects for this country; not a dirty business manipulated by mobs.

To the immigrants that read this book, please suggest to your relatives, to not use mobs, or denounce them, because it's the only way to stop it. America is infested with people that do not like to become proud American citizens, instead they like money, nicer vehicles, upgraded cell phones, and exotic dress boots, they like to bring their country here.

The author of this book, who was born in Mexico, spent Cinco de Mayo in Chicago in 2017 watching the celebrations. Cinco de Mayo commemorates Mexico's victory against the French in the 1862 Battle of Puebla, but American celebrations are mostly of the eating and drinking variety. However, in poor Chicago neighborhoods, in 2017, it was scary to watch those evenings where the "Latin Kings" gang distributing drugs in poor neighborhoods, and place big Mexican flags on the back of their trucks and all gangs carrying high caliber guns (not all of them were Mexicans, many Salvadorians of MS13 lead these groups, paid by Colombian-Mexican drug cartels). This did not represent Mexican celebrations, but the gangs' celebration to mark their domain territory.

The honest, good Mexicans are those who come to work hard and work to save money to go back to Mexico to build their home and small business. Those who are in gangs are the ones "colonizing" territories to sell more drugs are not honorable Mexicans, and they are not welcome in Mexico for the same reason they are not welcome in the USA. Americans love Mexican culture, as well, I feel the president does also, (he demonstrates his good attitude by sending his high rank team to talk with president elect Andres Manuel Lopez Obrador, three weeks after the election). I am sure from his business perspective, Donald Trump already understood, that Mexico is his best ally, commercially and socially. Being notorious for his aggressiveness, he will try arm twisting, but with problems with EU, North Korea, China, Iran, Venezuela, and Russia at the end of the day, he will depend on Mexico for its resources and labor.

Controversy surrounds the state of President Trump's actions and his words with his cancellation of the observances of Cinco de Mayo and Hispanic Heritage Month in the White House, but he will be forced to understand very clearly that the United States is nothing without Mexican natural resources and cheap labor. Americans celebrate this date only for socialization, drinking margaritas and eating tacos with

DONALD TRUMP ENDORSE THE CORRUPTION AND MURDER OF DRUG CARTELLS IN MEXICO.

friends, but they are not carrying guns and waving big flags to intimidate.

Federal Mexican laws are very strict about the usage of the Mexican flag; it cannot be in unofficial celebrations if they do not pay respect and official tribute. Exasperating the public relations problems is that it is the contemptible Mexicans that are the ones that disrespect the Mexican flag and printing the flag in illegitimate ways on t-shirts, walls, and signs showing a false sense of patriotism for commercial gain. This display of disrespect sickens me as a true patriot of Mexico and a proud American who sees the misrepresentations imprinting a false impression.

I AM MORE AMERICAN DUE MY NATIVE AMERICAN ROOTS

Having been born in Mexico, I am more American than many others. Respecting America means that I am privileged to have a rich background. To write this book as a Mexican American, I have to be fair and describe both sides of the coin; due to the fact that both nationalities have amazing attributes. I am fortunate to have Kickapoo roots from my grandmother, Refugio Sotelo, and Spanish roots from my grandfather, Isauro Duran. As I declared to the Atlanta Journal

Constitution, I explained to the journalist who interviewed me about my dual nationalities that Mexico is my mother due to the fact that she is the place of my birth, and the United States is my father because he makes me strong.

A book belongs to the readers mind.

My grandmother is a Kickapoo, from a Native American tribe that lived on both sides of the Mexican American border. Texas became a country in 1836 and later in 1845, Texas became a state there was an international agreement which stated that this tribe should have the right to live on both sides of the border.

At the end of this research, I found out that they ALL were immigrants on American soil, including some of the Native American cultures that came centuries before since they crossed borders. All of this creates layers of immigrants that are a great foundation that made this country rich and strong due to our dreams, our aspirations, and our motivation to one day become U. S. citizens. Although immigrants face many problems, we justify our struggles in the proud realization that we stand for our new country not seeing just the good, but accepting its imperfections. I know in my case, if this great country needs me to defend against the foreign enemy, I will be happy to give my life without hesitation.

Some business owned by Chicanos rip off undocumented.

UNDOCUMENTED ARE THE BEST ASSET COMPANIES CAN HAVE; SOME BUSINESS CHICANO OWNERS ABUSE OF UNDOCUMENTED

To understand undocumented people, I worked in a food products business; and in metallic structures company. Is sat to say but comparing the work environment, I was treated better in the structures

DONALD TRUMP ENDORSE THE CORRUPTION AND MURDER OF DRUG CARTELLS IN MEXICO.

company than with the chicanos of the food factory, even chicano owners say they are our friends, "almost family".

Under rhis chicanos own factory, employees have no rights, safety protection rules are not respected: Rosita fall and hurt her back, her supervisor never help, she has to go to a doctor and pay medical bills from her pocket. I was hit by a forcklift (operated by a young man that has no training and no certification to operate such heavy machinery)- that injured my left leg and the plant manager put me two warnings to fired me in stead of help me. They send me a clinic where they like to force me to sign a release of paper work in the one they said I was recovered, when I complain that I suffered a lot of pain they sent me to have a MRI of my knee and I required a surgery plus a lot of therapies. I think how many injured employees are forced by these pseudo physicians to sign papers, when they are still injured.

If they do that to me, that I am naturalized USA citizen, bilingual investigative reporter, its unbeliaveble what they do with that undocumented underpaid people.

Luz, sufered meningitis, she worked on this plant since the beginning packing, cocking pork skins, doing dough, when she feels bad and her family took to a doctor, who sent her to the Gwinnett Medical Center of Lawrenceville, where she was in coma in the 8th floor room 803, from owner puts all the employees in one house; he then also takes the mortgage payment and utilities from their income. The immigrant employees put all their tips in one glass bowl and the proprietor gives the employees about $150 a week to pay for their cell and wire money to their country. Sadly, the ones that abuse the system and of these immigrants the most are the same immigrants that have already established a legal residence or are Hispanics that have been born on American soil.

Later, this group is given the nickname "Chicanos", but they do not practice neither the American or the Mexican cultures. Chicanos combine the worst of both cultures at times at the expense of the foreign born newcomers to make more money. If they are discovered by the authorities, they fake knowledge of the English language to excuse themselves. For example, Chicanos, who own a business, do not pay overtime benefits, time and a half for holidays, sick days, 401 K's, or medical insurance because they know the undocumented workers will not report them. This abuse and mistreatment of foreigners trying to work in the USA is equal to modern day slavery in a certain way endorsed by the Equal Opportunity Job that doesn't discriminate to hire, but discriminates when they don't recognize their rights. They make them work six days a week, working 10 or more hours every day, in many cases without overtime pay. In some occasions, when baby boomers get ready to retire and they do not have enough money and benefits from Social Security, some blame illegal immigrants for not contributing to the system, when in reality it is their employers who do not report them as workers to avoid mandatory government regulation charges such as unemployment fund and disability. When the first generation of those 15 million undocumented immigrants try to retire, they will not have benefits from social security either, even though some pay taxes using a false tax ID or with someone else's tax ID. Obviously, this creates a problem for the American government and Social Security to stop paying benefits to the undocumented, in some cases it is unfair especially to those people that expend more than 50 years working.

Examples

Maria de la Luz, works from 6 am to 14 hours in the factory. From there, the owner took her to their house, to cook, do the laundry and clean the rooms.

Maria finished exhausted every day. As the years passed, she was ill; possibly because of the excessive breathing of burning oil of cooking pork skins. Without insurance, the severity of her illness led her to be in a coma. Her daughter, desperate for help, talked to the Human Resources lady and she suggested for her to take her mom to Grady

Memorial Hospital, a public hospital. Maria, who suffered the illness of tuberculosis meningitis, was sent to Mexico urgently in an ambulance plane. She worked years and years sacrificing her health. She was not given health benefits by her employers, yet her employer had the latest models and collections of Mercedes Benz cars and handled cash in the majority of operations with no trace of taxes and illegalities. Meanwhile Maria de la Luz, is in coma since January 2019, without money, in a small house in her native Tampico, Tamaulipas, Mexico. The owners of the factory that employed her for decades, use as a disposable cup. They don't care of her illness, but they are not Mexicans, they are chicanos. Chicanos understand English or Spanish at their own convenience, same way with the laws and exploit people more that other employers. In fact between Mexicans tell each other: "don't work for chicanos, Chinese or Koreans, all of them are unos hijos de……".

AMERICA IS THE COUNTRY WHERE THE MOST MONEY IS LAUNDERED IN THE WORLD; IT IS A MAGNET FOR IMMIGRANTS

The majority of immigrants work in the food industry and restaurants. It is not causality, is because this is where they can launder money faster. Cartels can send revenue with ease to other countries.

When government put more restrictions to wiring money, drug cartels optimized their operations using high rank accountants and attorneys

DONALD TRUMP ENDORSE THE CORRUPTION AND MURDER OF DRUG CARTELLS IN MEXICO.

buffets to design a sophisticated system to manage dirty money and laundered money: the perfect tool to do that is an undocumented individual, because they don't have trace and it is easier.

As every year drug cartels sell more drugs in America, destroying the new generations, they don't have ways to take the money out, so every day they are looking strategies to laundry it.

But the master minds of these operations are not only Mexican mob, but also Colombians that pushed their operations to Mexico. From there, they manage the other immigrants like Koreans, Chinese, Vietnamese, to cross the border into the USA and perform their business. Some Mexican, Chinese, Cuban and Colombian Americans abuse of the new comers in some cases, more than the Anglos do. In the research for this book, I also found that as soon as undocumented people get citizenship, they become arrogant and treat their coworkers badly. In fact, the undocumented say, "ese ya se corto el nopal" literally means one that already has "that the cactus was already cut", but translated means someone is no longer of the Mexican culture of lifestyle or does not think as a Mexican person would.

In essence, when that person "cuts the cactus," they tend to feel like they have become better looking, understand and speak English better and obtain legal residence to get a better job. Others get tattoos or body piercings even when they do not have legal residency; they believe in doing so, they can blend in with the citizens just because they get a military haircut and speak the language.

WHY ITALIAN BACKGROUND IMMIGRATION ATTORNEYS ARE THE BEST?

After the United States of America joined World War II against Nazi forces including Italy, America had a conflict with tens of thousands of Italian Americans that from day to night were declared enemies. Benito Mussolini's joining forces with Hitler put Italian nationals, not established US citizens, in detention as "enemy aliens". In fact, the Federal Bureau of Investigations detained many Italian Americans, considering them as jeopardizing National Security. This conflict created much study and research in the federal immigration laws in order to try to stop the prosecution by Franklin D. Roosevelt's government. After a long polemic that kept Italian Americans in limbo, the Attorney General declared them innocent and released from jail all to resume normal life.

Around the same time, Italy surrendered and American Italians that served in the Army back as heroes. This generation of Italian immigrants has more knowledge of the federal immigration laws, enhancing their kids' abilities to go to colleges and universities to become attorneys. Many attorneys with an Italian background are very dedicated to the defense of the individuals. They do not say it, but the experiences of past generations are present in their minds as a principle.

Some Italians became part of the mafias that control construction in the big cities like New York, Chicago and San Francisco, and the mob stories are popular as their king makers.

WHY OTHER IMMIGRANTS DO MORE?

This question is easy to answer: The United States government has special treatment for people that come from countries that the government does not have good relationships with in Washington. It is a diplomatic way to say to their enemies: "hey Fidel Castro, Nicolas Maduro your citizens live better in USA, than in Cuba and Venezuela, in America. They have toilet paper."

In the cold war, Americans extended a lot of benefits to Russians and Cubans, including visas, English classes and other benefits. Due to this type of support of other immigrants, Russians, Cubans, and Venezuelans, receive English classes for free, meanwhile Mexicans and Central Americans begin to dig holes for construction or work in landscape. In some cases, poultry plants are places where you don't see

Cubans and Venezuelans because they are more privileged with legal residence and English classes, so they can get a better job.

It is not a justification, but it is imperative to realize that some immigrants are not treated fairly. In the realm of mass media in Spanish radio and television, there is more alcoholic beverage advertising than in English media. Mexicans are good consumers of beer, but with the massive campaigns with ads everywhere, the beer companies are preying on Mexicans, encouraging alcoholic behavior. Rarely, if ever, do you see a commercial helping people to stop drinking and attend AA. They air only the broadcasts asking avoid DUI because they are paid public service announcements.

CUBANS DOMAIN POLITICS IN WASHINGTON SINCE THE MISSILES CRISIS WITH JOHN F. KENNEDY

When Fidel Castro Russ enhanced relations with the Russian government, they began the construction of nuclear heads to launch platforms in Cuba. President John Fitzgerald Kennedy had two sources of information about this from intelligence airplanes that took pictures and film of the strategic locations and the Cubans that escaped when the Cuban Revolution occurred with the fall of Fulgencio Batista.

These Cubans became advisors in Washington and found their "niche" is to live off the American taxpayers, opening Public Relations agencies

DONALD TRUMP ENDORSE THE CORRUPTION AND MURDER OF DRUG CARTELLS IN MEXICO.

hired by Latin American governments that pay a lot of money just to manage the messages between the White House and any government. In politics, any word that is not used appropriately can really hurt relations, this is why politicians prefer to spend millions of dollars for individuals with different ethnic backgrounds that speak a variety of languages. In the last few years, these individuals become headhunters that put people in government that just fill the diversity frame, like Marco Rubio and Ted Cruz. They hate each other, Marco Rubio represents the interest of Cubans in Miami (who was helped by Jeff Bush when he was governor), but he doesn't care for the millions of Mexicans that work on the orange, and grape plantations. As well, Ted Cruz works for the interest of international entrepreneurs, but never cared for the poor Mexicans that live in the poorest belt of America along the south border.

Some Cubans hate the rest of Latino populations and they are the only ones that like to represent the Hispanic Latinos interest in this country. Their trauma, specially "marielitos" (Cuban immigrants that left Cuba from the Port of Mariel in 1980) is that they could not beat Fidel and his brother Raul Castro Russ regimen. (note from the author: I am talking about politics, because in other fields Cubans are exceptional and respect and promote the Hispanic interest helping coworkers). Charlemagne founder of Roman Empire said: "to understand a second language, is like to have a second soul."

Charles Berlitz follows the understanding of multilanguage understand romans use on their troops to conquer Jews, and developed a self-learning system to learn a second language in 17 weeks.

The reason why many Mexicans don't learn English is that they have "homesick" feelings and they live under storms of media messages in Spanish because they are the segment most targeted in commercials by beer, phone, food and business providers. It is easier for Mexicans to not become immersed in the English language because of the Spanish speaking publications from these companies.

PRESIDENT TRUMP IS EXOTIC AND CAPITALIZES ON HIS ENEMIES' ATTACKS. HOW RICH PEOPLE AND POLITICIANS HELP SMUGGLING IMMIGRANTS TO WORK ON THEIR PARADISE HOMES.

For some migrants for special request on fency homes of high scale gulf clubs, labor is required immediately, there are furtive small planes that transport migrants landing in ranchs of Texas, Arizona, or Alabama, where a Van is ready to pick up and take them to the address, the fee for this service is $15 000.00.

DONALD TRUMP ENDORSE THE CORRUPTION AND MURDER OF DRUG CARTELLS IN MEXICO.

Many rich people have migrants on their high scale ranches or just look the derby horse races all the maintenance is performed by migrants, and honestly they do the best care for those expensive horses.

Unpredictable and sometimes out of script, President Donald Trump is not afraid of his enemies. He thinks fast and has his own strategy to visualize every aspect of the government agenda. He speaks what white families talk about in a family dinner time for decades and were afraid to make it public. MANY OF THESE TOPICS THAT TRUMP MAKES **PUBLIC ARE TOPICS THAT WHITE FAMILIES HAVE ALREADY SPOKEN ABOUT IN THEIR DINING ROOM TABLES, as kitchen table issues, what is very private.** Immigration is not the problem, the problem is that it is out of control and americans don't know who lives in their neihgborhoods, that is the problem that makes people homophobic.

Immigration is the main issue of the administration of a president who is married to an immigrant lady. New York is the best example of an international community and it is considered the capital of the world by some. This city holds the headquarters of the Trump businesses. Donald Trump says more with his expressive body language, and it is easy to believe that someday he could give the law makers and judicial branch an arm to twist with a moderate immigration reform because he is trapped on his own policy of a wall.

Every day there are arguments raised, and Americans are desensitized about the subject of immigration. The author of this book interviewed several Americans to get a real perspective. Susan, artist and resident of John's Creek, considers that she supports immigrants, but suggests that it would probably be better if they have work permit, "otherwise, who is going to clean my house, Francisco. Since my children were babies, we have had 'nannies', they take care of our kids, when the kids sleep, they clean the house and cook". Susan, said that the smart policy is to provide a background check and job permits that let Americans be more confident about immigrants. With these permits, authorities will make it clear that criminals are a minority and have a tide control over aliens in America.

Other groups of Americans declined for me to publish their names, but agree that authorities must have a program to control undocumented persons. One person that I talked to said, "sanctuary cities are a political concept to identify Democrats' territory, but at the end of the day, the scene in America is the same: crime enhanced by drugs is out of control everywhere, border to border, coast to coast".

The author of this book visited a group of "jornaleros" (day laborers) in Roswell, Georgia. One who arrived on April 10, 2018, said, "I passed by

Laredo, Texas, very easy, the border was ours, the coyote dropped a bucket with 10 000.00 cash on a place and the border patrol agents do not bother us; we were a group of 50 immigrants. I paid 80,000.00 pesos –(almost 4000.00 dollars) to cross the border and he brought us to Atlanta. After 10 miles of walking, we got on a van was waiting for us, we dropped our backpacks with pills and cocaine in another van, that hid the drugs in paint buckets".

An 18-year-old undocumented male that came from Chiapas, Mexico explained that the smugglers told them that they control the border and the authorities, "with money is dancing the dog".

The male undocumented of 18 years old, that come from Chiapas, -(and honestly has a honduran accent but they said they are from that region to cover it)- Mexico explained the smugglers tell them that they control the border and the authorities, "with money is dancing the dog", he repeat like to give to understand, that borders are open and nothing happens.

"They don't return the money, (paid in cash) if something fails, but you have the "warranty" that they pass you again", explained the young immigrant that declined to give his real name.

Another immigrant, was deported because he was caught by Gwinnett Police, trying to get into his house breaking a window, but as he has

A book belongs to the readers mind.

visa. However, she is employed by them with no benefits and is underpaid. Her vacations were babysitting her niece and yet, they don't like to sponsor her. One day she went to a salon to color and get her haircut, when Alex the Colombian hairdresser began to wash her hair and asked her if she has her papers legally. This lady, in her mid 40's, began to cry and cry, and explained that that was her main problem. The stylist consoled her and began to provide some advice; She explained, "I know an attorney that solves everything for you, get married and you will have papers soon. Here is the phone number of the Italian American attorney, he is my client, he was Georgia State Patrol, and let me call somebody who can accept the deal." The Mexican lady interrupted by saying, "I need somebody with my same last name, so nobody can suspect I am married, because I am dating an American man". "No problem sweetie," said the hairdresser cleaning her tears. By the time the long process of coloring, cutting and making up her hair was over, the deal was done. The hairdresser said, "today it is $200.00 for the service only, could be more but you need to save money to pay the attorney, and my Puerto Rican friend takes $60 000.00 dollars, you don't have to pay in full, it is in easy payments while the process goes on".

The lady accepts and they call the man who was on the next hair cut for the fictitious "blind date" (he identified as gay). They met and weeks later they went to the court to get married. After that, they made the appointment with the attorney who was already notified with the details and explained the documents they need. For the next appointment, the Puerto Rican asked, "do I have to give my birth certificate to the attorney…? It is risky, I believe it is a problem, a wealthy relative was present, and said to the lady, leave us alone, with the driver. The nervous lady left the room, the relative stay with the Puerto Rican and the driver and she gives $6000.00 in cash, advising that they don't like trouble along the process. The dollars automatically changed the Puerto Rican's attitude. He was ready to meet with the attorney and give him everything that he required. In many cases like this, ladies try the falsify a marriage as the last resource because they have no choice. Even this lady who has uncles that can sponsor because of their income that their 5-million-dollar company brings them; they deny to assist so they resort to asking for help from a stranger such as the Puerto Rican man.

After the meeting, they celebrate at a Mexican restaurant and the fictitious husband advised that he needs new clothes, before he goes back to Puerto Rico. The lady rented an apartment and furnished it to keep all the steps for the marriage, paid his bills, open magazines subscriptions under both names, and everything was nice except they did all the deals behind doors to cover the big lie. When she asked him for his social security number to open a shared bank account, he became very upset and blamed her for the possibility that he could lose his credit he had been building and he declined to do that, but very often he called from Puerto Rico, asking for more money from her. The Mexican Lady changed her phone number 3 times because she decided that it was time. He asked her for too much money too often. When the AUTHOR of this book questioned the husband, he said she never gave him the amount they agreed to for the deal.

The Puerto Rican, who is bipolar, became aggressive with the lady and he would go to her office to threaten her that he will call Immigration asking them to raid the company where she works.

The author of this book was concerned about this case and explained that he is following the story for his book, he met with an ICE special agent, Kim Richardson and Vincent M. Picard because the life of this lady was at risk. They both understood the situation and without giving details to the former investigative reporter, they answered that they would take care of this case.

Months after that meeting, they lady received her citizenship, but the Puerto Rican husband complained he never got his sixty grand in cash as he was promised. In fact, she changed her phone number again to keep him away. The husband said all the money he received was documented in the wires of money transfer services and he never got more than $10 000.00 dollars including the money for clothes and the airfares.

Now, as new USA citizen, she doesn't even have a chance to study English. She is dating a bilingual man from North Carolina and she is very happy. She is also preparing her divorce from the Puerto Rican, who finally accepted a lower amount of money.

Now the Puerto Rican is the one who wants to rush the divorce process because he has another deal aligned.

The mob that smuggles undocumented people across the border is out of control and has made millions of dollars, the fake marriages manipulated by Puerto Ricans, Chinese, and Koreans, is one of the biggest business on America Underground.

Mexican ladies are the majority of their customers; they have to work 2 jobs, one to live, and the other to pay a fake husband who lives in the island having fun and enjoying life, and there is no authority that is stopping these deals.

One in 3 immigrants identifies themselves with a different name for several reasons: fake papers, using somebody else's ID, or because they have been deported in the past and their name is on the list. The majority of undocumented individuals have 2 tax ID numbers: one for day job and the other for the second. In doing that, they pay less taxes, and if they believe they are being tracked by authorities, they use the other one, etcetera.

America Underground describes in detail the lives of the people who are left in the shadows. The majority are looking for a better life, no matter if they become slaves, are underpaid or without benefits. The abuse is bigger from Mexican American employers, as a leader of agency that protects rights of immigrants said in a interview with the author of this book (asking keep her name off this story,)"they are the worst, and they use their employees "ignorance" to capitalize their revenue; but they are not ignorant because the majority of the immigrants understand English perfectly but they do not say it to make more money. They know as undocumented people, they find jobs faster, paying less taxes". They use the popular proverb: "El que come y calla come dos veces" –(The one that eats and remain quiet eats twice)- said the popular proverb.

Some of the Mexican American employers intimidate their employees and this is why the majority of Mexicans do not like to work for them.

DONALD TRUMP ENDORSE THE CORRUPTION AND MURDER OF DRUG CARTELLS IN MEXICO.

The author of this book, who is a naturalized US citizen, works for several companies and shares details on pages ahead of such abuse.

We have heroes in the Army that are undocumented; neurosurgeons that save lives. The massive labor that makes it possible to upgrade cities and the voting that determines every election resolved; these are the benefits come from the Latin Americans that are hidden in the shades. Now, undocumented parents have many kids, thinking that if their kids that are USA citizens could save them from deportation. The average undocumented family has 4 kids. They are USA citizens, so in a few years, that 15 million have added average 8 million citizens to this country. Making the Hispanic race the new face of America, giving the half tones that are catalyzing the black and white's deep contrast, on the social fabric.

RETALIATION BREAKS OBJECTIVITY: UNIVISION SUPPORT A CLOWN, THAN FEMALE PROFESSIONAL JOURNALISTS

Meanwhile other channels broadcast in foreign language in the USA keep very objective line in their broadcast in regard of the White House Politics, Noticiero Univision ends their broadcast with a logo of the station, and Jorge Ramos' voice stated: "We are here and we will not leave".

It is evident that the well-known anchorman of Univision always tries to use the screen as a platform to fulfill his dreams of being a politician in the United States. In fact several times, he was under heat because of his romance relationships with weather anchors and actresses simultaneously, but his politics and demagogy saved him several times of been fired. In reality, many of the Spanish journalists of Miami commented that he doesn't deserve all the awards he received only for confronting candidate Trump with a loud question, breaking the protocols of the press conference.

His daughter worked for Hilary Clinton's campaign showing his privilege with the democratic party. He never confronted President Barack Obama as he did with Donald Trump, and his clown attitude jeopardize the credibility gain by other good journalist, in Cadena Univision.

Patricia Janiot, accepted Univision's offer and left CNN Spanish because she liked and accepted a challenge, but the Colombian-American journalist conducted magistral interviews throughout her career like the one with the General Cesar Augusto Pinochet; or Hugo Chavez. she followed protocols, but even she deserve, she never received many awards, like the Univision "clown". Univision Executives know this man left Televisa because of an irresponsible broadcast, now in Univision he is pretending to do the same. This is the reason why the management put Patricia Janiot by his side for prime broadcast; -(even if they know the place belongs to Lidia Calderon only to balance giving presence to people of color)-, nobody confronted Ramos because of his ego, he has documented mistakes, like the one on the invasion to Iraq, he was lost in Kuwait, when all journalist with accreditation were broadcasting from the deserts of Iraq. Maria Elena Salinas, deserves more awards and recognition due she is coming from immigrant life in a clothes factory in Los Angeles.

The thirst for power of this broadcaster makes him deaf to accept any suggestions. Jorge Ramos Avalos produced some opacity that affects the female co-anchors, who really did a very good job over the years and have good credentials. Univision provides much support to Jorge Ramos Avalos, discriminating ladies, but fails to recognize other talented journalists such as Maria Elena Salinas, Enrique Gratas and others, that have not had the opportunities that Ramos has had. Some opportunities have been wasted instead of given to these journalists to provide objectivity, just to feed this man's ego. Jorge Ramos accepts awards only for shouting a stupid question at a presidential candidate. Trump, he must be honest with himself and reject the awards, and give that recognition to partners on the team that really justify the underpay of 10 dollars an hour, meanwhile he makes 2 million dollars for jeopardizing the credibility and prestige of many on the Univision Network.

The other professional journalist that collaborates on Noticiario Univision like Univision Investiga with Gerardo Reyes, that team does not receive fat paychecks, just few awards, and they create stories that are broadcasted by English networks.

Jorge Ramos is jealous of Univision Investiga (Univision Investigates) for the simple reason that they are serious and professional and they never manipulate the facts. Reyes, with many years of experience, inspires compliance and balances the emotions; something that Jorge Ramos always tries to do by making simplistic comments and jokes at the end of the broadcast, that the audience doesn't consider eloquent.

People like him give bad fame of the character of Mexican people and they suffer due to the blackmail. Ramos would gain more credibility if he denied the awards and recognized that he was a manipulated clown of Time magazine.

Note of the author: I have nothing against Jorge Ramos Avalos, but I heard comments of coworkers, and people that are not jealous, but are pretending to grow from writer to be promoted to national correspondent. However, between Ramos and Issac Lee Possin, positions are monopolized instead of helping to keep the good grammar in Spanish and diction of some broadcasters that sometimes reflect their poor culture.

As reference: when the king of Spain has problems with the law, Jorge Ramos can not pronounce his last name, Urgandarin; reflecting that in some times he doesn't review the broadcast sheets.

BEFORE THE WALL IS COMPLETED MAJOR LEAGUE BASEBALL AND NFL WILL HAVE TEAMS PLAYING OFFICIALLY IN MEXICO.

Grupo Multimedios and support of big fans of baseball like Jose Maiz Mier, and other businessmen and entrepreneurs from Monterrey, Mexico, are working on the last adjustments of the Monterrey baseball stadium to meet all the safety requirements like the USA stadiums. This project embrace the dream of Mr. Alejo Peralta, businessman and promoter of baseball. The author of this book interviewed Jose Maiz Mier, many times for his projects in Monterrey, and never thought to find him in the Atlanta Braves world series, and meeting with executives of the MBL to make his dreams possible; make Monterrey a part of the baseball league and have American teams playing in that modern and progressive Mexican city and also have teams travel to the USA.

When Adolfo Cervantes, director of Corresponsales Extranjeros, (foreign correspondents) of Televisa, come to Atlanta, I thought he would have liked to talk about the broadcast I did for the Rodney King protest in Atlanta, the most representative city for African Americans. He told me he came to rent a machine that removes grass from the stadium to take to Mexico City. Where one day at the Estadio Azteca they hosted Michael Jackson's concert and the day after they had a Dallas Cowboys game. Adolfo Cervantez expressed the huge interest that Mr. Emilio Azcarraga Milmo had to integrate the Mexican audience to the NFL. "Don Emilio, the owner of Televisa, explained to the board, that after soccer, the evolution of generations are making the American Football more attractive, and Televisa is putting a lot to make this project of having official games in Mexico City", explained Adolfo Cervantes.

He mentioned that it could take two generations until Mexico has its own team that matched the performance of the American teams, but in the meantime, American teams will play in Mexico.

MEXICO IS THE COUNTRY WITH THE MOST JOURNALISTS KILLED EVERY YEAR. NOBODY HELPS. WITHOUT REAL JOURNALISM THERE IS NO JUSTICE.

In Mexico, there are more journalists killed every year than deaths of communicators in Iran, Iraq, and Syria, combined.

I'm sending a copy of this book to President Donald Trump, requesting to enhance the freedom of the press in Mexico. How? He can put international sanctions to Mexican politicians that are the suspects; the ones with intellectual minds behind each murder, by tracing their money and properties in other countries. Also requesting a special visa for journalist in danger, families.

A politician that is behind a murder of journalist is already in a mental jail, and from the justice of the Lord which they can never escape. Individuals can kill journalists, however once the words of articles and stories are in the minds of the public, the public becomes the perfect judge.

If the killers of journalists would be prosecuted in Mexico , they will need more jails because the current facilities will not be enough to keep those that are involved in mobs with the opacity of the political system that manipulates the truth.

The majority of Mexicans blame the United States of America In part because of the poverty situation in Mexico. It is time that the American government does fair business, and does not cover those politicians that have fancy houses in USA, and fat accounts in American banks with their family living lavishly when the source of the money comes from the social programs in Mexico to benefit the poor with education, health programs and jobs, like what happened with the brothers Salinas de Gortari.

I do not fail to recognize that the USA has very prestigious universities, but I also won't underestimate the Mexican universities that excel academically and are some of the best in the world. If politicians choose to send their relatives to the Universities in the USA, the USA government must do a background check to verify if the money that they are using to pay for it, is legitimately earned.

WHY OLD AND RUSTY HOLLYWOOD MACHINE IS ACTING AGAINST AMERICA PRINCIPLES OF FREEDOM, JUSTICE AND DEMOCRACY

Hollywood put native American Indians as the enemies of this country, when the true is that they welcome the pilgrims coming in the Mayflower, serving their best dishes.

Is evident President Trump is out of the box, script, and protocols, understandable; but the congress is the one with the legal constituency

DONALD TRUMP ENDORSE THE CORRUPTION AND MURDER OF DRUG CARTELLS IN MEXICO.

to control it. Not the late talk shows, actors and shows, that even they have their reasons, they are giving tools to the enemies of the United States to break the line of respect that affects not the president, it damage americans good reputation.

Since Donald Trump became a candidate, with his polemic comments and actions, target of Old actors and politicians, it is because he is not a politician. Trump is very polemic, and people like him or hate him, there are no middle terms, but from my perspective I asked him do not execute massive deportations of Mexicans, because it will affect this country a lot.

There is no day that an old rusty actor does not mention something against the president, but I observe they do this only against republican presidents. They did the same thing against George W. Bush. (it's not a complain due I'm not member of any political party)

I am not racist but they did not attack President Barack Hussein Obama, he even deported more people and kept the policy of split families on the border. (Author's note: I would like to make it crystal clear that I would like to keep all the comments objective with both points of view, as an American with my Mexican background.)

I have to be objective and respect that every country should defend their own borders; I sent a letter to President Trump explaining that in many towns in my native Mexico live off of the money people wire, and this money does a domino effect because they buy products like Coca Cola, Procter and Gamble, Ford, Cartoon Network, etcetera, and the money comes back to America. So, in many ways, immigration helps the American economy.

The letter is published in this book, and President Donald Trump never mentions massive deportations and I read between his words he is going to do something to help. His plan to grow the economy required cheap labor; cheap labor that comes from immigrants. The problems with commercial trades in China, mistakenly known as "the most priviledged nation" by Bill Clinton after the political conflicts of the Tiananmen Square will now fall under Mexican Territory.

THE WHITE HOUSE

WASHINGTON

March 27, 2018

Mr. Fransisco Duran Rosillo
Alpharetta, Georgia

Dear Mr. Rosillo,

Thank you for taking the time to express your views regarding immigration policy.

My first duty as President is to keep the American people safe, and that obligation guides my approach to immigration and border security.

Immigration to the United States is a privilege, not a right. The Federal Government has the responsibility to enforce all laws passed by Congress, to rigorously vet and screen all foreign nationals seeking entry into the United States, and to keep drugs, criminals, and terrorists from entering our country and threatening our citizens.

Additionally, we must have responsible controls on the future entry of foreign workers to protect jobs and wages for existing United States workers of all backgrounds. I have issued an Executive Order to help accomplish this goal, as I promised during the campaign.

Further, we achieved a record reduction in illegal immigration on the Southern border, an effort that requires constant vigilance against a wide array of threats and challenges. We are also taking action to confront unlawful sanctuary city jurisdictions that dangerously shield criminal aliens. Moreover, I have called on Congress to end the visa lottery and extended-family chain migration, and to move toward a merit-based immigration system. Crucially, we have begun planning and preparations for the border wall, which we need to stop the trafficking of drugs, guns, weapons, and people.

If we continue to enforce our laws and protect our communities, families, and struggling workers, we will reduce our deficit, increase incomes, and make our communities safer for each and every American—both now and in the future.

Sincerely,

NOW THAT TURNER BROADCASTING IS CHANGING TO A NEW OWNER AND BECOMES "MEDIA WARNER", ONE TRIBUTE

As Ted Turner told us in a meeting is evident that CNN made of the world a global village. Since then in minutes people can see what is happening in other continents in a live broadcast.

To describe the must influential company in the news broadcast, we have to split it in two parts: Ted Turner part, the best; and the Time Warner AOL, the worst, when the interpol was investigating one of the employees, and put him in jail.

In the Ted Turner era, there is a very special team of qualified people that do that, and their names are hundreds, but today I would like to pay special tribute to a great business woman, -(not because she gave me the opportunity to work there)-, she did huge contributions creating the infomercials concept, Charlotte Leonard Engel.

Working almost 22 years in Turner Broadcasting System, specially since the times of Ted Turner is important pay tribute to the people that make this company big as a business and a worldwide brand.

Charlotte Leonard Engel, opened the international markets with a very enthusiastic plan meeting with Consuls and Ambassadors of Latin American Countries, branding the channels in latin American countries from a different perspective due the boicot Emilio Azcarraga Milmo put a Turner for not selling Cartoon Network exclusive to Cablevision. This

commercial barrier when Ted Turner don't believe in exclusive business put the company in trouble, when nobody knows what TNT or Cartoon Network means; Miss Leonard keep expanding the brand management with a good relationship bridge for the satellite downlinks of the package of Turner Channels. She enhanced the broadcasts of NBA and NFL on TNT, as well rebroadcast from domestic the first live cartoon on Thanksgiving night in 1994.The success of such projects was she chosen well recognized broadcasters as John Sutclif

Ted Turner; Terry McGuirk; Scott Sassa sponsored the international team, something that after the merger with Time Warner, doesn't

gggงggg

happen. TW gave freedom to Urdaneta that helped to destroy the international team and put the wrong people that grew their personal business instead of the company: Carlos A. and Javier S made capital that now after they have left Turner they like to invest in haircut franchises. Every weekend they ride their fancy motorcycles looking for a potential places for their business around Atlanta. I pay tribute to Charlotte Leonard Engel because after she left accepting a competitors offer, Carlos A. in front of JC expressed in front of employees that past administrations over expend the money, something that I have to clear up is that Carlos A. and JC manipulated the purchases of buildings in Palermo at Buenos Aires, Argentina, and they were the ones that over expend to have their manipulated operations, the author of this book confirmed this information on his trips to Argentina to verify all the facts about it.

Also Carlos A., made a partnership with a master control operator, Fernando Carranza, a minimum wage underpaid employee, who has no money in his pocket and in hours he had to create "Antartica Films" and pay hundreds of thousands of dollars to buy a building across the street from the Turner building on the one Carlos A., Chief Financial Officer of Turner Broadcasting System pays several million dollars and required a million more for equipment and "remodeling."

Everybody commented in Turner Broadcasting System about that happened because of "Antartica Films." They began to sell taped, old concerts and a very expensive price to air on TNT plus the service of digital subtitling, and old content that gives no currency on the market to TNT Latam. Karina, who was an assistant to Wit Richardson VP of Turner Argentina, reported the case, but Turner Broadcasting fired Karina explaining that they had no evidence of any missmanage.

JC knew all about such investments and activities, when Louis Sams, VP of the Legal department, went to Argentina to close the deal with Claxon and see the new offices. She was surprised and she had the mentality that Argentina was more expensive than the USA, when in reality, everything is cheaper. However, that was the concept that Astolfi and Urdaneta created in Atlanta, telling that they save millions of dollars for the company with such investments.

A book belongs to the readers mind.

Carlos A. created a campaign giving conferences telling that the output deals Turner international was doing in Buenos Aires were the best on the market, but the truth is another; it is why before they sell the whole company to AT&T they moved everything to

Take Note

Carlos Astolfi's tips for succeeding in the global marketplace

▶ Be careful how you create your legal and tax structures

▶ Don't try to do business the same way you do it in the United States

▶ Trust and partner with the locals— because they understand the ins and outs of doing business locally

Argentina firing almost 200 employees. But the truth, is Turner Executives don't like that the underwriters that are giving the ok to the deal knew all the evidence of this questioned business.

In the frame above used by Astolfi in one conference he put in evidence his way to do business was different than the American ethic protocols. On his biography, Carlos A. hid his former job at Telenoticias in North Carolina, which was the one he was fired for budgets mismanage. Carlos A. managed the budgets to the Turner Tech Support group that

Carlos Astolfi on knowing when to get in and when to get out

installed everything in the new offices in Buenos Aires, where Mauricio was detained by the Interpol for apparently receive bribes and corruption. The flamboyant controller with a lot of topics, enjoys to tell you stories of his dad. He always called the lady in charge of Public Relations to have interviews in magazines specialized in hispanic business, but meanwhile JC Urdaneta did the public relations. Astolfi was the mastermind of the money expenses and investments of Turner in Latin america. Publications made the paid stories always positive to protect that team of executive actions, meanwhile Mauricio paid his time in jail under the pressure of don't reveal details of all operations.

A book belongs to the readers mind.

PARALELL TO PAY PUBLICATIONS TO KEEP THE GOOD IMAGE, INTERPOL INVESTIGATE AND DETAIN A EMPLOYEE MAURICIO

Paralell to that publications to make up their corporate image with Time Warner, the interpol captured a Turner employee in Argentina for bribes and money mismanage. Kelly Regal and JC Urdanteta promise cooperate but asked the case was not ventilated on the news, according a manager, who detailed the case to this writer.

This person reveal the details because it affects the reputation of all current and former Tuner employees, he asked cover his identity due he was part of the solid group JC Urdaeta organize with employees to cover secrets; The executive said that the employee involved in the investigation, Mauricio, ask for his help arguing he took the money to help his brother who was very ill in his native Mexico.

Loria, graduated with honors from the ITESM, was one of the best computer systems engeniers that developed an automated system to according the Movies and TV series durations split the commercial breaks organizing and scheduling paid advertisement and public service anouncements.

JC asked to Loria in a private conversation help and he will help his wife who was hired by Delta Airlines reservations. Loria participate in an undercover operation in a border city where he meet the man they were looking for, and was deteined by USA Federal Agents, after that, Mauricio expent more than 3 years in a federal penitentiary and was deported to Mexico where he lives in Campeche.

In the page of Facebook Loria shows his student experience and his passion for the tenis open tournaments.

IMMIGRATION IS A JUICY BUSINESS; ICE AGENT HUGO R. BRISEÑO

Hugo Rolando Briseño was Border Patrol agent on several sectors of the US-Mexico border, from Laredo, to Eagle Pass; Special Agent from Atlanta; and a teacher at the National Law Enforcement Training Center; and he learned that immigrants never give up.

"The American dollar is powerful, the United States of America offers a better life to immigrants than other countries of Latin America, they need each other to work; in the USA, they need them to meet deadlines on construction, agriculture and when the US has to attend a war overseas, they send the workforce: immigrants are the cheap labor that solves many problems in this economy because they are underpaid, and have no benefits, like a disposable cup".

I agree there is a major problem with drug cartels, but it is only a part of the problem because they cross the borderline. Every immigrant is forced to carry a backpack with drugs even if they pay the "coyote". Agent Briseño, retired from duty and consultant on the academy, argues that there is a sophisticated mob on both sides of the border. Now, they use the tunnels and small airplanes that cross them and they guarantee special delivery to their relatives' address, no matter what state they live in. They also give credit for the service; when the immigrant arrives, he has to work 2 years for the smugglers business to pay for the service, even when the family already wired 50% of the cost. The potential of hiring immigrants is that companies that laundry money from drugs need that labor, said the former special agent.

"Look Francisco, when I worked undercover, I would go to the Mexican restaurants eat several days at the place, and the owners manipulate everything... one day I was recognized by an undocumented person from a day we did a raid detention of immigrants in a factory of garden furniture, but he wasnt scared. He come to sit at my table and told me: "I recognize you from the day you detained us in that factory." (I denied the fact and answered, you are confusing me). As he began to talk to me he admitted that he in fact may have confused me with the officer, but he insisted we had the same characteristics as the agent that put him in handcuffs. When you face a big problem like deportation, there are details such as faces you never forget he said as he shook hands with Hugo. He then continued to say, "Here, I am the manager. They deported me but I was back in a week. Let's be friends, you can eat here for free whenever you'd like." (The Special agent, Hugo Briseño remained quiet and denied the asseveration in Spanish from the undocumented manager.) He then continued "which one of the servants do you like best? you can have sex with her." said to the special agent, who paid his bill. He admitted that he was confused because of the advice that was very risky and his confirmation that he was the federal agent that arrested him.

"Keep the change and don't confuse people, I am your customer and that affects your business." At the time as I walked, I prayed that the bartender did not see me because that was the man I was looking for,. This man was from Texas and he had a (hidden) business in that Mexican restaurant. He coordinated drugs and the finest tequila (to avoid paying taxes) to be delivered to several bars in Atlanta that came hidden in trucks of Mezquite. (Mezquite is a kind of wood used in grills that gives a special taste when meats are grilled. The clever part is that

Mezquite covers the odor of the contraband so drug sniffing dogs cannot trace it.

That man controlled a mob that moves 3 million dollars in drugs and alcohol, plus he connects undocumented workers for his restaurants.

"This individual was under investigation once, but we haven't found enough evidence, so the supervisor of the investigation and the counsel attorney dropped the charges." In cases like these, you have to work for months, day and night. I have not found solid piece of evidence. However, I was interested in this man because behind every Mexican or Colombian prominent drug lord, there is an American that moves the merchandise, and he was one of them.

The American connection of the latin drug lords are people that hide the business in car dealers, restaurants and businesses that are frequented by everybody to move money fast and create no suspicion of anything, explains the former ICE agent.

He commented that the worst thing people can do is eliminate ICE and border surveillance because in the near future, this country will be in the hands of gangs and drug dealers.

"I voted democrat", said Briseño, "but even I was disappointed with some republican policies, the elimination of ICE gives the country away.

Hugo explained "Being the only bilingual agent on the Atlanta District, Thomas P. Fisher and Fred Alexander two great strategists against drugs, sent me to enforce local police departments to incarcerate a big network of drug distribution in Georgia and from this state they Displayed above is a diploma issued by the local authorities to Special

Agent, Mr. Hugo Rolando Briseño, whom has no defined shift, he spent nights at bars, and streets, risking his life as an undercover officer. Mobs use a lot of codes on the vocabulary and body language. (picture

the author of this book in an interview with Special Agent, Hugo Rolando Briseño).

THERE ARE NOT ENOUGH ICE AGENTS TO CONTROL IMMIGRATION, THIS IS WHY THEY ASK FOR HELP FROM THE LOCAL POLICE.

WE USE UNDOCUMENTED INDIVIDUALS AS INFORMANTS

"There are around 30 ICE, (Immigration Citizenship Enforcement) in the Atlanta District, that covers other 4 states around. So when there is an operation, we ask for help from all agencies including the local police departments", explains Hugo Briseño.

"It is not easy to infiltrate a community, a factory, or a farm as an undercover officer. We use informants. Those informants are meticulously selected by us via friendship,  without telling them we are federal agents", he explains. Briseño then adds that many times they bite the hook because they need somebody to translate a paper, or they are looking for fake documents like green card or a social security card.

DONALD TRUMP ENDORSE THE CORRUPTION AND MURDER OF DRUG CARTELLS IN MEXICO.

"When we tell the leader we can help find "that help" they are more open and tell you how many are in that situation, where they are coming from, and then we begin to do a profile one by one, and parallel to it, they tell us how the employer contacted them or vice versa."

They do everything, undocumented people themselves are a huge network. They tell us who is selling fake documents, the prices and who are the "coyotes." It may take months to compile all these details, and it is a huge effort for the agent; they hide their badge and gun, change their name, hair color, and many details like wear different glasses, including the way they dress, shoes, sometimes speak with a different accent; "Hugo Rolando Briseño is gone, now I am Roberto Pérez, the key factor is use names of close friends from school that you memorize all the time, that helps to avoid confusion and never react when someone recognizes you, and the immediate answer: "you are confusing me with somebody else. It is risky but the bilingual skill is an asset that keeps you safe and the undocumented do not hesitate because I tell them I know your pueblo with the main plaza in downtown" explains the former undercover, who always has a plan "B" to escape in case a problem arises.

"By only observing, you can determine who has just arrived to the USA, and we make a profile of the timeline of every immigrant, since his life in Mexico until the day they request green card. For example, I shake hands with them, if their hands feel strong with callous it means that they come to work hard. The ones that don't show any signal of hard work, if they are not studying medicine in school, they become a candidate for deportation. This is my own point of view, other agents kept a different profile."

POLITICIANS CARE ABOUT IMMIGRANTS WHEN THEY SEE THAT THEIR VOTE MOVES THE ELECTION BALANCE TO MAKE WINNERS.

In the 1980's, I covered a lot of stories along the border of Mexico and the United States of America, but the majority of Americans and Mexicans don't care. The drug consumption escalated in the USA and traficant's needs were based on distribution.

Before they used planes, drones, and tunnels, they used immigrants to cross drugs though the border. They charged a fee to every immigrant crossing the border by making them carry a backpack and deliver it to a place where a car will transport them to the place where they can find a job. if they resisted these conditions, they were killed. Mobs control the Mexican side of the border with no mercy and no control from Mexican authorities. Recently the force and power from cartels surpassed the power of Mexican law enforcement and now they control the Mexican Army to the point that Generals have to apologize to the "narcos" when something doesn't work well.

GUILLERMO GONZALEZ CALDERONI WAS A LIAISON BETWEEN MEXICAN GOVERNMENT AND DRUG TRAFFICANTS

To paint the big picture of Mexico and The US's huge problems of immigration and drug trafficking that is clearly out of control, we need to picture a (flamboyant not sure if that is the right word) director of the Federal Police like Guillermo Gonzalez Calderoni; a man who takes control of both sides of the problem.

Gonzalez Calderoni, gave access to American DEA authorities to the cases but at the same time, betrayed them by giving confidential information to the cartels.

I, the author of this book, was very young (18 years old) when I interviewed Guillermo Gonzalez Calderoni in Monterrey; he was named director of that zone of the Policia Judicial Federal. I introduced myself and Gonzalez Calderoni, said to me "welcome Frank, my close friends called me "Memo" and you are one of those." The man did not feel trustworthy to me and for the ethics of journalism, I continued to call him Mr. Guillermo Gonzalez Calderoni. On the first interview I began to gather his background on the government and his new plans. He asked me "please say hello to Mr. Abelardo Leal, your boss, a great attorney." I agreed and explained to him that my immediate boss was

Ramon Alberto Garza. Gonzalez Calderoni then replied, "Ok let him know I would like to meet him and have breakfast one day together".

Because Monterrey is close to the American border, almost daily I would get stories about traficants. As I was assigned to cover those, in a certain way, Gonzalez Calderoni liked to control me. A couple times, he left me alone in his office with a huge table full of cash, guns, and cocaine, like indirectly inviting me to get some, but thanks to the Lord I never did. After that, he came back and he gave me the interview but he insisted on taking my boss and I to breakfast. When I went back to the newsroom, I told Ramon, my boss, and he accepted telling me: "ask him if he can this Wednesday restaurant of Hotel Ancira, please come with me, I don't like to meet people alone," I explained to Ramon Alberto Garza Garcia, that Calderoni left me alone, twice in his office with plenty of guns, drugs and cash. I added to explain that I believed that he pretended to bribe me, but I did not touch anything. I had heard of the actions of this man where he confronted local police departments.

The meeting happened at the Hotel Ancira. Intentionally, I arrived one hour late, so they had almost finished breakfast. When the body guards who were seated at a close table saw me, they allowed me to seat. I apologized for my tardiness, but they were very happy, talking about mutual friends and the breakfast was over. Ramon Alberto Garza told me off the of the record, "good job Frank, he told me you don't accept his friendship and gifts, keep it that way". Thank you Ramon.

Jacobo Marcos Jiacome, Administrative Director of the Nuevo Leon State Police, told Guillermo Gonzalez Calderon that he could not manipulate what EL NORTE newspaper had published. He liked to compromise the editorial line with gifts, that were never accepted.

(Gonzalez Calderoni, father of twin girls that live in Texas, owned a daily newspaper in Ciudad Reynosa, Tamaulipas in partnership with the union CTM).

We walked to the cars as they exchanged business cards and Calderoni asked if in an emergency, he can find Ramon with his secretary, and Ramon confirmed. I turned around, and in the approximation of 10 meters from the valet parking booth was Cedillo, one of the DEA agents assigned to the American Consulate. I recognized him but he showed me a signal saying "don't say anything". Days later, I found 3 DEA agents in the office of Gonzalez Calderoni, Cedillo being one of them. Calderoni introduced me to them, and on the way out, Cedillo congratulated me and said "good job, we heard you don't accept any of his gifts."

Weeks later, I covered a story about students involved in cocaine trafficking in envelopes disguised as letters. They were from Colombia

A book belongs to the readers mind.

and the story gave a lot of feedback because from Monterrey they sent them to Texas and other parts where they would sell in town.

After this interview, a lot of good looking Colombian women were in the building. One of them was very well dressed and was wearing expensive jewelry; she stood behind Gonzalez Calderoni, and in the interviews she gave him massages, and kisses on his forehead. Calderoni then began to explain, " I had to work so hard last night, and my friend, (referring to the lady) came to give me a massage. It was imperative that these ladies never spoke with anyone, only with close members of the Federal Police from the personal team of Gonzalez Calderoni.

One day, I arrived to the Edificio Rayón (a very old building where the offices of Federal Police were located in the 4th floor as well the prosecutors' offices) and I was surprised by the yells; it sounded almost as if they were torturing somebody. As soon I got in, they did not allow me to get into the illegal jail they had in the back of the building. Out of intrigue and curiosity and I asked what were those loud yells. I got nothing more than," What yells? We were watching wrestling on TV."

In the parking lot, I found one of my contacts who told me they were torturing a man that did not want to confess where they hid drugs, money and their bosses. "Using an electrician's tongs, they pulled out several teeth." Gonzalez Calderoni had his own style to torture suspects and make them confess, nobody liked him, even in other police departments.

I visited a friend that lived in an apartment across the street asking her to call me if she heard yelling again.

Days later, I went to interview Gonzalez Calderoni, who told me I can explain the case to you but I have to meet in 30 minutes with people in Vips (popular breakfast restaurant chain in Mexico) of el TEC, please come with me. On the way, he explained to me how the investigation was working along with the DEA. He then asked me for some time so that he could complete detentions to not ruin the 3 months that he had focused on international efforts. I agreed. When he didn't find a parking space, he asked me drive the Ford Bronco to the Federal Police building. He then added, "in fact, if you like, you can keep it." My immediate answer was no thank you. I knew they drove all the cars they confiscate from the drug traficants. Not to mention, it is not ethical to receive that gifts and number two, is very risky because if someone from the drug dealers recognized the car, they can kill you.

Time passed and we were discovering more and more about the tortures, but we did not have evidence, and victims' relatives don't like to talk about it.

At a later time, I concluded my Bachelor's degree, and my dad passed away. I had to go back home to help my mom. The actions of Gonzalez Calderoni, were everywhere. He was later promoted to national chief of Federal Police, reporting directly to the President Carlos Salinas de Gortari.

Police investigations revealed that Gonzalez Calderoni divided the zones of control for each cartel. He also opened Mexico to Colombian traficants. He hid in McAllen, Texas, where he was murdered outside his attorneys office. Nobody had clues because the person that was with Gonzalez Calderoni escaped from the scene. Gonzalez Calderni withheld many secrets; he protected Pablo Escobar Gaviria on his trips to Mexico, where the famous largest producer of cocaine in the world was untouchable. Thousands of Colombians began to move to Monterrey because they felt protected by the authorities. In Mexico, nobody used the word "sicario" (murder gunman), the word began to be used in the Mexican vocabulary as soon as the Colombians arrived. That was the beginning when Colombians made Mexico their operations center.

Monterrey has prestigious universities and industries and is one of the top 5 economic centers of Mexico, There is also a very cosmopolitan population which helped the Colombians hide their dirty activities without suspicion of authorities.

IMMIGRATION BEGINS IN THE SECOND WAR WORLD AS PER USA GOVERNMENT REQUEST; SENT TRAINS TO BRING MEXICANS TO WORK IN FARMS

Bracero Program began when the US sent doctors and trains to pick up workers. They just show an ID and pay 3 dollars to come to work legally to the USA in times of war. All the men enrolled in the Army. The program was called "Programa Bracero" because the USA needed "brazos", (spanish for arms) in agriculture, construction, landscaping. Mexicans filled all the positions available. The agreement was between Mexico and the USA

A book belongs to the readers mind.

and when the United States paid the Mexican government, the money disappears, it is why Mexicans prefer cross the border illegally.

Programa Bracero, requested by the US government from Mexico, has historical highlights in the economy, politics, and social movements of both countries. United States can not live without the Mexican workers in their farms, poultry business, construction, landscape, and factories. It is why companies are protecting them against the homophobic policies of some politicians.

DONALD TRUMP ENDORSE THE CORRUPTION AND MURDER OF DRUG CARTELLS IN MEXICO.

Now, politicians paint school buses with the message: DEPORTATION BUS and they said they will send 15 million Mexicans back in couple months.

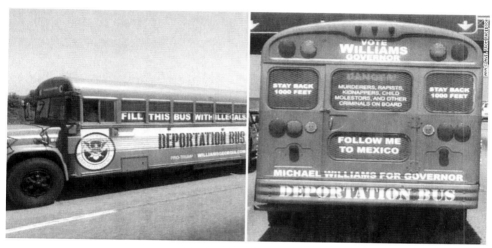

In Georgia, some candidates that run for governor, create nasty political campaigns such as "the Deportation Bus." This is something that offends the hard working Mexicans that in times of war in 1942, came to help this country. Mexico is the best neighbor the USA can ever have, and those candidates that humiliate us, and don't know historical facts detailed in this book, must go back to school before launching their campaigns. Mexicans respect the right of the USA of protecting their borders against crime, but also they must protect the rights of good immigrants.

A book belongs to the readers mind.

I sent a book to President Enrique Peña-Nieto of Mexico and President Donald Trump of the United States. When I told President Trump Mexico has communities that live from dollars that immigrants wire, so a massive deportation will affect not only Mexico, also the USA. President Donald Trump answer with a letter in the one he explained his immigration policies.

PEDI A PRESIDENTES DE MEXICO Y USA CONCILIARAN UN PLAN MIGRATORIO PARA NO AFECTAR LAS ECONOMIAS DE AMBAS NACIONES

Envié mis libros a los presidentes de México, Enrique Peña y de EU, Donald Trump. Ambos agradecieron con una carta. Donald Trump reafirma su política migratoria dado que le dije que en México muchas comunidades viven de los dólares que envían los migrantes.

"Our lives begin to end the day we become silent about things that matter"

"Nuestras vidas finalizan el día que callamos las cosas importantes"

Reverend PH D Martin Luther King, Civil Rights Leader.

"A house without books is a house without windows".

Horace Man, Education Reformer.

"Una casa sin libros es como una casa sin ventanas"

"A book belongs to the person who read it"

"Un libro le pertenece a quien lo leyó"

Francisco M Durán Rosillo, Escritor.

Since before Revolution, people said: Mexico is the mother of aliens and stepmother of Mexicans, in the modern times, very quiet many people from Iran, China, Koreas, Iraq, Russia, Germany, France, Japan, Nigeria, Americans, between others move to live in Mexico, where they find the perfect environment to raise their families.

Mexico has become very cosmopolitan country, and the people who can't cross the border into the USA decide to live in the Aztec country. But the sad thing is that sometimes the government treats the foreign people better than the native Mexicans.

A book belongs to the readers mind.

Some corrupt governments hide criminals from other countries, like what happens when they allowed the Palestine Liberation Organization have their headquarters in Mexico, as well when the war conflicts in El Salvador, the guerrillas of FDR and FMLN opened their headquarters in Mexico City, with the official Mexican government sponsorship.

Mexico follows the "Principle of No Intervention Doctrine" created by Doctor Estrada, from Sinaloa.

The Estrada Doctrine is the name of Mexico's core foreign policy ideal from 1930 to the early 2000s. Its name derives from Genaro Estrada, Secretary of Foreign Affairs during the presidency of Pascual Ortiz Rubio (1930–1932), so if Mexico does not intervene in international conflicts, why allow these subversive groups to have their offices in Mexican soil? This must end; these actions contradict this neutrality of the Estrada Doctrine; one that is famous worldwide and that seals Mexican foreign policy.

Choosing the themes for this book, was not easy in the perspective of objectivity. I have dual nationalities, Mexican American, and as I answered to the Atlanta Journal Constitution Journalist, when questioned if in case of breaking relations of these countries, which one I would keep?. My answer was: I'll keep both, because I consider it like a divorce, kids love both parents; Mexico is my mother because saw me being born, and USA my father because it makes me strong.

I respect the constituency of the reforms of the president Donald Trump to keep the United States safe and understand that still needs the work of immigrants because it makes homes and food affordable.

Mexican authorities kept a respectable position that is the best when you deal with your neighbor and the largest economy.

This situation is going to back to normal, if Mexico keeps a president that deals with the USA. With recent negotiations with North Korea, and quitting the deal with Iran, Mexico will become again a very strategic and economic partner for the United States.

The rate of natality in the USA is growing thanks to immigrants. At this point this country doesn not have enough soldiers to face a conflict with Russia and China, so if you dig many aspects of the economy, military, commerce and social developments, the United States of America is still very dependable of Legal Immigration.

The research for this book helped me understand that money laundering is a big magnet for immigration. As the money never sleeps and has to move fast, some of food business – (NOT ALL)- are moving money due the recovery of revenue that is fast and safe.

A book belongs to the readers mind.

That is the reason why more gas stations are owned by people from India, Pakistan and Middle East, (nothing to do pointing national origin, please see the numbers). Many of these entrepreneurs have no mercy and sell synthetic drugs, have illegal gambling machines and are the big users of traps for accepting EBT cards, (electronic form of food stamps) for selling alcohol. They just have some food products to cover the huge sale of alcohol sponsored by American taxpayers, making it a huge money laundering operation.

These operations are out of proportion, government does not need to control immigration rules, if they don't also put those business under control.

Also the proliferation of "bodegas" or Hispanic stores, some are focused on the money laundry and it is the new fashion of drug cartels to take the money out of America. But even you see in every city hundreds of Mexican restaurants or stores, these are not managed by Mexicans, the owners are Colombians, Cubans, Indians from India, (not native Americans). Many Mexicans come for the need to find an income for their families that do not have opportunity; others for adventure; others escaping of violence; many discharged from the armed forces and law enforcement looking for protection.

Everyone has a case on his or her background, carrying tears they never cry, they cross "the largest scare of the world" (affirmation of one of the greatest Mexican writers, Carlos Fuentes). That consider Mexican American border not only one of the biggest, and crudest because it is the one place in the world where more people die every day.

WHY DRUG DEALERS ARE TAKING THE FOOD INDUSTRY UNDER CONTROL IN THE CONTINENTAL UNITED STATES?

Like a drop in the bucket, that's the way the smuggling of marijuana begins. Americans cross the border to Tijuana Mexico to buy their "joints." Now, it is legal in some states and they can buy all modalities of "marijuana"; (but there is a popular version that the main attraction in Tijuana was a bar called "Tia Juana" (Aunt Juana, (Jennifer) and inside the bar were two sisters, Mary and Juana who sell the popular cigarettes; that is the beginning of the name of the popular drug. The truth is that many Americans love to consume this drug. The drug dealers see that in the future, if they can "wash" their money in food business, when Americans produce more marijuana than food, they will have the control with the monopoly of the food business. Drug cartels that have more revenue that the oil industry; they are very organized and manipulate several politicians in some governments of Latin America and Europe.

Almost 3000 kids, whose parents are immigrants, born in farms of Idaho, weren't registered as US citizens when they were born. However, they have Mexican roots that symbolize the hard work of their parents and the poor interest of authorities to help. Those farms produce potatoes for McDonalds, a monopoly of fast food, and they don't care about their worker's families; they even work more than 16 hours daily.

The problem is not only that they were born without birth certificate but also, they never went to school even with President Bush's "No child left behind" policy. This is ALARMING; the number of immigrants that do not know how to read or write. Since their early childhood, they take care of their brothers and sisters, and as soon as they can, they go with their parents to work on the potato plantations.

I interviewed a 12-year-old kid, he was "disqueando" driving a machine that has a sharp disk on the back to open the ground space to plant the potatoes.

"It is a lot of fun, this is all I do and my boss gives me two cold one-liter Coca Cola and I play very loud music on my phone, and I drive the machine all night long, that is better to beat the day heat."

I questioned if he went to school during the day, and his answer was "NO".

I continued to question him, "Why?"

DONALD TRUMP ENDORSE THE CORRUPTION AND MURDER OF DRUG CARTELLS IN MEXICO.

"For what here I make 8 dollars an hour, I live in a "traila" (mobile home) and the owner is here beside the field. We work mostly 13 hours daily. Once a week we go to the pueblo where we shop for everything we need. Do you believe I chose this life? ... Bullshit, this is the life of el "jodido," the poor and exploited, the ones who don't have a future. El patron, (the boss) has us here so he can make a lot of money with us. At el pueblo everybody says he owns everything and when somebody is ill, they only got Tylenol for the pain." Is life fair in the first country in the world?...

"The government knows we are here in the plantations and they don't do anything to help, they spoil the exploitation of the new slavery, we are second class citizens that work hard to feed the first world; when they put a robot to operate this machine, they will deport us to a Mexico I don't know."

President Trump promised to deport Mexicans with criminal backgrounds only, but meanwhile, borders are apparently under control. Immigrants of other nationalities are accepted. The US needs immigrants, but the truth is that many Americans are afraid that Mexicans will try to recover their lost territories.

"A dog that barks, doesn't bite" (perro que ladra no muerde) said undocumented immigrant about Donald Trump's anti-immigrant

A book belongs to the readers mind.

policies, meaning that they are only verbal attacks, immigrants keep coming to America.

As these kids were forgotten because of English barriers, negligence, or few interests of employers to help their parents, many immigrants remain under the shades of people that like to exploit the slaves of the new century in the country that protects peace and human rights in the world.

This book compiles deep research from serious sources and combines my experiences of living in both countries, Mexico and the United States. Nations that I love, nations that depend on each other, not only in resources and labor, also in cultural affairs, research, and the result of this melting pot. We have merged cultures, now we said, "Blackxicans", "Mexican-Americans", "Chicanos", "Texicanos" and every day millions enjoy food and music because these were the precursors of the crossover in both nations. People from all over the world live in the USA, that expands our music, food and traditions beyond. Even a tribe of native Americans, "Kickapoos", have rights to live on both sides of the border; Mexican kids go to school on the American side, we keep a nice neighbor's relationship: SOMOS BUENOS VECINOS Y AMIGOS.

Excluding some homophobes, - (Drug dealers are a total disappointment and they need to be prosecuted.)- Americans are lovely

DONALD TRUMP ENDORSE THE CORRUPTION AND MURDER OF DRUG CARTELLS IN MEXICO.

people, very well educated, love their country and protect the world. Imagine the world in the hands of Sadam Hussein, or Osama Bin Laden. Americans look for the stability of many regions in the world, - (yes many accuse US of taking their oil, steel, gold, of that region etcetera, but everything has a cost, Russians, Arabs do the same and nobody complains)- Since the end of the first war world countries define their boundaries more, but now is time Americans unite and keep this country strong. Even after the first war of the USA, which was with Mexico, Mexicans became very loyal to their neighbor, the United States of America. Thousands of Mexicans cross the border every day to shop for American products, and work. Even Mexico lost almost half of their territory with USA, Mexicans still show respect for the flag of bars and stars blaming for that the real authors of that problem: Mexican politicians. Mexico lost the Alamo War, thanks to the Mexicans living in San Antonio, that were tired of the corruption of the central government of López de Santa Anna. On the latest years, Mexicans escape of violence, corruption and the dominance of drug cartels and are moving by thousands to San Antonio and Houston, Texas and San Diego, California. Something is wrong in Mexico and that never changes. Weirdly enough, as soon as Mexicans cross the border, they work hard, put the trash in the cans and the majority respect the laws is not a miracle; it is because Mexicans see that in American cities law and order transpires; something that has been lost in Mexico for decades.

In this book, I try to analyze with solid examples the problems on both sides of the border, where the Mexicans are relegated to second class citizens for being undocumented. This created their second Mexico... a USA underground with Mexico in the blood that resists learning English on their own, by the organizations and the media that convinced them to obtain more benefits in social services, and are legally more protected if they do not understand the language.

They don't like to live in the shades of political obsessions. What happens it they have no choice with their country's corrupt governments? Now in the territory that almost 270 years ago was Mexico, is the United States of America, where the privileges to get legal residence are for Cubans, Venezuelans, Iranians, etcetera, except for Mexicans and it is because the government likes to put more control on the southern border.

Some politicians are afraid that Mexicans become majority and rule this country, they are TOTALLY WRONG, Mexicans like to make money to build their house in their hometown in Mexico and retire happy without worries, (except rich people that decided permanent stay due the kidnappings and corruption in México). Nobody lives happy where

DONALD TRUMP ENDORSE THE CORRUPTION AND MURDER OF DRUG CARTELLS IN MEXICO.

it is not liked and unfortunately the minimal schooling of that people and language barriers, makes them feel that way. It is why they become an easy target for TV, radio Stations and some newspapers, and some employers manipulate them with intimidation to take their money. The government is also guilty because they do not obligate such media to broadcast and print English language lessons for that "invisible audience". They are more focused in producing TV series about drug dealers mob and smugglers and it is why people with low education fall very easy in the criminal activities because they are trained on the Spanish TV. TV and Radio in Spanishare very lucrative types of media, that only use those stories and promote prostitution to take our hard-working Mexicans money, but neither of these medias does something for our people like providing basic orientation that motivates them to take the first step which is to learn English. Univision and Telemundo broadcasts public service announcements paid by the federal government to ask teens keep studying and do not quit school, but they do it because they get paid. In fact, in some democratic administrations such as Univision and Telemundo were bribed with these ads. Recently the Trump administration upgraded the profile to get professional visas and permanent residences. What this means is that they require a higher education level from these immigrants, but they do not realize that these immigrants do not like to be slaves, working hard on the farms, factories or construction and yards.

I appreciate you taking the time to read this book because you probably can do something to improve education in both countries and change politicians that are manipulated by drug mobs, and poisonous media, that keeps our people's mentality narcotized with soccer that is only advertised by alcohol brands.

The soap operas, with the same stupid dilemma of love triangles and broken marriages also poison the minds of the new generations of immigrants. They do not incorporate or learn the culture of formalized education to build productive business.

Guerrilla ag

El reportero Francisco Durán entrevistando a guerrilleros

DURANTE 12 DIAS, EL REPORTERO DE **EL NORTE** FRANCISCO DURAN VIVIO EN EL SALVADOR LA DRAMATICA SI-TUACION QUE AFRONTA EL PUEBLO SALVADOREÑO, PRESO ENTRE DOS FUEGOS: LAS FUERZAS MILITARES OFICIALES Y LA CRECIENTE GUE-rrilla.

20 A

MARA SALVATRUCHA 13 IS THE PRIORITY OF PRESIDENT TRUMP TO KEEP THE AMERICAN SOCIETY SAFE AND AWAY FROM CRIME AND DRUGS

President Trump criticized MS 13 gang members by calling them: Animals. Well let me explain, I was in El Salvador several times covering news as a reporter. These gang members are the kids that survive the attacks of the "Escuadrones de la Muerte" (Death Squads) that assault homes of prospect guerrillas that kill victims in front of their families, take their bodies to the mountains and cut their face, skin, hair and anything that may help them identify them.

MARA means gang.

SALVATRUCHA means the best assassin from El Salvador.

13 means the Apostle that betrayed Christ.

A book belongs to the readers mind.

But behind these activities from this gang is not only the revenge from the war of El Salvador but also, they took ownership of the distribution of drugs of Chinese, Mexican and Colombian cartels in the USA and they control the authorities, prisons and routes in the country.

The problem is that these gangs have members from Honduras and Mexico, and they are the ones that control the human trafficking making immigrants carry backpacks with drugs on the borders of Sonoita, Mexico and other borders to smuggle the drugs into USA soil.

THEY KIDNAPPED THE DAUGHTER OF PRESIDENT JOSE NAPOLEON DUARTE, IT WAS THE BEGINNING OF THESE "ANIMAL" ACTIVITIES

I was interviewing the Ambassador of Mexico in El Salvador located in Paseo General Escanlón. The interview was accepted but the ambassador asked me "if years later you publish this part of the story don't mention my name because this is a special favor asked by President Duarte from Mexico and Mexico accepted because it is the country where Salvadorian guerrillas have their headquarters".

I was looking at some pictures at the ambassador's office when somebody dropped dynamite on the street that created a loud sound, then the ambassador told me: "they are ready, come with me, leave your cameras in my office and please don't mention anything".

DONALD TRUMP ENDORSE THE CORRUPTION AND MURDER OF DRUG CARTELLS IN MEXICO.

We boarded two Land Rovers, but I had no clue where we were going. Looking back, it was a great adventure with only me and the Mexican ambassador and his security without loaded guns. There was a car behind us with two other people; they had Tecate beer, on ice, and 3 brands of Mexican cigarettes, Raleigh, Faros and Delicados, (popular Mexican brands).

After 2 and a half hours of driving in the mountains, 3 guerrillas stop the cars. When we opened the windows there were at least 40 guerrillas surrounding us holding snipers behind the trees ready to shoot.

The leader began to say, "Mr. Ambassador, thank you for your help, the government met their promise and we haven't seen Apache helicopters flying around. Remember if you break the rules, we kill the president's daughter." As he talked, his eyes glanced at me and he continued to ask, "who is this young man?"

The ambassador answered: "he is a journalist from a prominent newspaper in Mexico, I invited him as a witness, he will not publish anything he sees here tonight... in fact, he may publish this many years from now, he promised."

"Take some beer, and cigarettes"

A book belongs to the readers mind.

"Si señor, los muchachos están a un kilómetro" (yes sir, the rest of guerrillas are half mile from here).

When we parked, we had to hide under the trees, and meanwhile 2 guerrillas camouflaged within the bushes, others removed the batteries, "it is just safety in case the military helicopters come".

From there we walked approximately 2 miles into the forest, we rubbed Vicks Vaporoub on to our arms and neck to avoid mosquito bites.

When we arrived, Jorge Villacorta, and "El Pollo" Samayoa, two guerrilla leaders, received the ambassador. Although they both knew me because I had interviewed them both before, they said to me, "Sorry, this is not a press conference, we will talk to the ambassador only." I was escorted by the commander Elmer toward the rest of the guerrillas while they were cooking 3 whole pigs and "casamiento", (Salvadorians plate which has a combination of rice and beans).

Excepting 30 guerrillas that were in charge of the security, Other members took part in eating and drinking 3 bottles of beer and one pack of cigarettes for each.

Around 4 pm, the assistant of guerrilla leaders left and were told to take the package to the place of agreement. The ambassador left; we walked to the cars and these were ready and take the way back except on the road side were guerrillas escorting us and placing mine bombs on the ground. We arrived to the destination and a lady in shorts covered her head, and boarded the car in the rear seat with the ambassador.

She was in tears. The ambassador alerted her to not say anything, and he asked me to move to the other vehicle because from that point the security will load guns and a body guard will occupy the front seat with the driver.

On the way to San Salvador, the capital, the vehicle with the ambassador and the president's daughter was surrounded and escorted into the Presidential House. The vehicle I was in made its way back to the embassy, where they gave me my cameras back and asked me if I had enjoyed my day. After, I hoped to complete my interview with the Mexican ambassador.

Curious for details, I went back to the embassy. The ambassador showed me pictures of the event Presidencia de la República.

The president's daughter was released but one of the things I confirmed is that the kidnappers drugged the young girl.

This hard for me because I have very good friends from El Salvador but these gangs are destroying this country more than guerrillas from the 70's and 80's.

<u>TPS (Temporary Protected Status) was a bribe to end conflicts in central America.</u>

A book belongs to the readers mind.

As soon as the American government began to privilege Salvadorians citizens with the Temporary Protection Status, the guerrillas and gangs problems were over. In fact, since the 1990's the Colon (official currency of that country) was valued less than dollar. Everything is estimated in dollars.

El Salvador improved their economy with the money their citizens sent, but with less education every day, El Salvador is losing values, morals and that is the reason why the gangs are taking control in this central American country and are spreading vices and corruption over the communities of the United States. The good decision of deporting MS 13 gang members has been taken on time, because they are spreading vices and crime in young people of other nationalities.

USA ended the war in El Salvador easily because everyone found an easy way to the American dream escaping to the country of the stars and stripes. Unfortunately, the problem was that when the young people were already affiliated with guerrillas and gangs, as soon they stepped foot on American soil, they found the perfect opportunity to work for the drug cartels distributing the drugs and executing the crime to take revenge. Since the Maras began activities in the USA, the distribution and consumption of drugs have been out of control and police only catch a minimum part of the huge drug loads that come by the south border by the tons.

DONALD TRUMP ENDORSE THE CORRUPTION AND MURDER OF DRUG CARTELLS IN MEXICO.

As a Mexican American, I can say that President Trump would like to save this country. As a native from Mexico, I see that the drug cartels have taken absolute control of the government on every level.

Mexico has more murders and crime than any other country in the world. The number of people that die from murder with machineguns and high caliber guns is double the number of people that die in Iraq, Afghanistan, and Siria combined. This is happening feet away from the rio Bravo, in the Mexican American border. I am sure these comments could bring retaliation to the author of this book, but is necessary to state the truth and to recognize that a huge amount of Mexicans come to America to work and also other big part are escaping of the murder, kidnappings, and violence that is out of control in Mexico. The military is taking control of the security but they cannot defeat the mafias that already bribe the high ranks of government.

The truth is that the Salvadorian economy is dollarized, nobody likes to use their local currency, colon, because they feel that the dollar is better.

In El Salvador, everything is estimated in dollars and gangs move the drugs and immigrants to Mexico and their goal is to pass the American border.

They have no education. Gang members barley read and write Spanish, and their proliferation is a cancer for the societies of the surrounding cities. The author of this book visited El Salvador several times is so glad that President Donald Trump recognizes the problem and has the "cojones" to begin the combat against those gangs that are trash and contribute nothing to society. Unfortunately, other governments of the region do not combat those gangs because they live off of the bribes and extortion.

YES, THEY ARE... ANIMALS!

EDUCATION IN AMERICA VERSUS OTHER COUNTRIES

One of the main problems of the new generations of the United States of America is that some were educated by "PAC MAN"; others by the iPhone or the iPad; and between synthetic drugs, some of them real pot, sex and passion for guns, they are evading a reality that is affecting the foundation of this country in the near future.

DONALD TRUMP ENDORSE THE CORRUPTION AND MURDER OF DRUG CARTELLS IN MEXICO.

A teacher who asked me not to mention her name said that every year, she likes to have immigrant kids in her group, "especially from poor countries, because those kids tell our kids that they need to walk 2 miles to have a bucket with water to cover basic needs like to drink and cook." Our children are very spoiled by their parents and they feel entitled. They park the car on the bus stop, so they don't have to walk home, meanwhile in the mountains of Mexico, Colombia or Peru, kids need to risk their lives crossing rivers every day to attend school. That is even if they can call it school because there are no walls, they put bricks under the shade of a tree, there is no lunch, no air conditioner, and the majority of kids are barefoot. There are no fancy Nikes, or Michael Jordan special custom tennis shoes. The educational programs are failing compared to other countries, and the United States needs to do a deep risk assessment to find the base of the problems

Fashion combined with the manipulated marketing of Hollywood is damaging the new generation's mind a lot. Kids kill parents and other people without mercy and they show pride in their body language when they appear in court on the media circus.

We cannot blame teachers; it is marketing, Hollywood and parents who provide Nintendo's, tablets, and phones as babysitters.

A book belongs to the readers mind.

I also like and support policies to "Make America Great Again", and I begin in my house telling my son, the day he comse home with a tattoo, I will be removing it with the butchers knife... I'll be pulling the pierce from his body and if he does drugs I prefer see him in a coffin. Thanks to my wife and Lord, our son, Manuel has never had tattoos, body piercings and he understands that by doing drugs he will dig a deep hole in his future that will take him nowhere.

The description of Mexican-American culture through a book can make amends to do business, socialize and try to be good neighbors, for the sake of the culture. Many people from all over the world cross the southern border to the US creating a lot of political polemic, ignoring that many Mexicans were crossed by the border when the Mexican Cession in 1848. The USA claims the southwestern territory. America underground describes the part that Americans ignore the invisible people of this country, 15 million and growing; they ignore their desperation to survive, live underground, pay taxes, and that they are targeted and exploited people that are enslaved in the pattern of modern times. Politicians; businessman; corporations; all partially benefit from immigrants. In this book, Francisco M. Duran Rosillo, former investigative reporter who worked in prominent media in both countries expend several years, has lived that invisible life style, forced by situations out of his hands. The big problem is the world is facing,

DONALD TRUMP ENDORSE THE CORRUPTION AND MURDER OF DRUG CARTELLS IN MEXICO.

according to an analysis of Time Magazine, is that in the near future there will be a massive immigration and drought. The United States is a big and great country, prime example of the "first world" but this book will show how some segments of immigrants live a third world life inside the big cities. Also, how they become slaves on the farms working long days for less than the minimum wage and without benefits. America was founded with slaves and it seems that they kept with a different version. "Pick Nick" is a word that families began to use when they would go to train stations to buy slaves in auctions, meaning: "pick a nigger".

MILLIONS OF MEXICANS DID NOT CROSS THE BORDER, THE BORDER CROSSED THEM...

If we check the reference of historical facts about the geography of Mexico and the USA, the United States was bigger meanwhile Mexico shrunk.

Mexican territory experienced multiple changes between the 1800's and 1900's. In fact, the first thing that changed was currency that circulated in the territory that now is the US was the "Aguila Azteca" a golden coin from Mexico. French and Spanish language was used in the territory before English, and when the pilgrims arrived in the Mayflower from England, they used their experience from the Bible

A book belongs to the readers mind.

learning to try to find cities that inspired a religious experinece, like Maryland, to make people understand that territory was of the virgin Mary. As the pilgrims disputed territories with French that had already taken control of Louisiana at that time, they kept the Spanish names of the new additions because of the abundance of Mexicans were living there. The United States had no problem obtaining these territories because Mexicans were tired of the corruption of the central Mexican government. Many Mexicans crossed the border using the stars as a guide, why? Because their ancestors did the same when they walked along the territory that is now the Mexican American border.

MEXICO IS THE FILTER OF UNDOCUMENTED IMMIGRANTS DEPORTED BY USA.

When the US deports all the MS-13 gang members, many are receiving refuge in Mexico. They are often sponsored by the drug cartels who are thirsty to put the whole country under control, to have free production and transit of drugs, to continue to have people smuggling drugs, and to then become a target of a terrorist groups become an enemy of the United States. If the USA already has to many problems trying to control their enemies overseas, they do not need to have all these enemies in the backyard, (for years and years in politics many call Mexico "the backyard").

Mexico's government is weak due to corruption and poor justice.

DONALD TRUMP ENDORSE THE CORRUPTION AND MURDER OF DRUG CARTELLS IN MEXICO.

None of the current candidates for the presidency of Mexico are capable of bringing law and order to government, all are more of the same corruption we were watching along the last 50 years. Colombian cartels move their operations center to Mexico to fully execute the process they have to infiltrate the highest politicians and Army generals. According to declarations from the former governonr of Nuevo Leon, Socrates Rizzo, politicians have control of drug cartels in the Mexican border states.

In Mexico the declarations of former governor Rizzo, shake the political system, but nobody did anything to avoid the strong influence of drug dealers mobs in the government.

That influence become very strong when Cubans and Colombians cartels began to move people, money and drugs across Mexico.

THE INVESTMENTS AND BUSINESSES OF FIDEL CASTRO IN MEXICO BECAME A BIG POLITICAL DISPUTE BETWEEN PRI MEMBERS.

Fidel Castro Rus, lived and traveled along Mexico before and after the Cuban revolution. He had romances with several women, some resulted pregnant and the kids kept his last name. The issue is that the funds Fidel Castro received for the Cuban Revolution were not all invested in it.

Fidel Castro made a great friendship with a man considered the Mexican police, Fernando Gutierrez Barrios, who managed all the intelligence for 5 presidents.

Gutierrez Barrios helped Fidel Castro all the time and when the Mexican government had problems with activists against the government, Gutierrez Barrios sent these people to Fidel Castro, who then hid them in underground prisons and clandestine cemeteries.

Gutierrez Barrios said all the time, "I put the success in the Mexican Political System, because I don't let our politicians have blood on their hands, Fidel takes care of it." (El éxito de mis presidentes es que no dejo que se manchen las manos de sangre").

The first load of leaders sent to Cuba were the ones led by Jesus Piedra Ibarra of the communist league on September 23rd. In fact, Fidel Castro was reluctant to accept.

German Segovia Escobedo, survivor of the attack of the forces of Dirección Federal de Seguridad, mentioned that on April 19, 1975, Jesús Piedra Ibarra and other members of the group "Liga Comunista 23 de Septiembre", disappeared. The author of this book had a secret conversation with German Segovia Escobedo months before his apparent suicide. German Segovia Escobedo, was the son of a Lutheran Pastor in Monterrey, Mexico. He was a blonde good looking man, a person that you could never imagine participating in terrorist activities, a person who ended the life of the prominent businessman, Mr. Eugenio Garza Sada. He was murdered by members of this group. German Segovia said he was tired that everywhere he went, armed people follow him. He was married to the sister of Jesus Piedra Ibarra. "Look Francisco, I can't talk, I can't travel and it is not my life, I follow my in-law, Doña Rosario Ibarra de Piedra, because she is our prominent activist looking for the group. But I know Fernando Gutierrez Barrios is an intellectual author; they are already in Cuba." In fact, Fidel did not like to kill them for being communist. However, Gutierrez Barrios put a lot of pressure on Fidel Castro by telling him would lose all his businesses (hotels, car dealers, etc) in Mexico if he did not follow President Echeverria's request. (Luis Echeverria was fan of the communist movements and personal friend of Fidel Castro; he was the number one enemy of the Grupo Empresarial Monterrey, but he needed to prove he was with the prominent businessman. Almost 45 years later, many said President Luis Echeverria Alvarez was the intellectual mind behind the murder of Don Eugenio Garza Sada).

Fidel Castro Rus had no choice, he had part of his family living clandestinely in Mexico and he gave the arm to twist. Segovia explains, "murdering the members of Liga Comunista 23 de Septiembre, in a secret place in Cuba".

A book belongs to the readers mind.

This secret conversation with German Segovia Escobedo happened when I was a news reporter for El Norte, newspaper. I considered it a big story, but Segovia saked me not to publish anything due to the fear of Mexican government and Cuban retaliation against all of the members of his family,

"Fidel Castro Rus asked the Russians stop the sponsorship to our organization in Mexico, because he did not like to jeopardize his millionaire business," explained German Segovia Escobedo. "Before they began this terrorist organization," he continued to explain, "they did not like to go beyond but, they received training in Cuba and they felt they were a part of an international group." "When we hijacked the Mexicana airplane flight 705 and detoured it to Monterrey after negotiating with Cuba, we felt we were very safe with the government of Fidel. But after this, we saw that this was not true, Fidel Castro Rus, is not communist, he used it for his own convenience to manipulate situations. We are the real communists and our partners finished buried in hidden places in Cuba.

Fidel is a liar, he is manipulative, and in Mexico he has millions and millions of dollars invested. He is also a very influential in the government".

Fidel Castro Russ gave political asylum to the members of the band led by German Segovia Escobedo were later released to Mexico, where some like German Segovia

Escobedo lived free of charges. Not everyone has the same story, but German apparently committed suicide on Christmas eve, alone, in his bed.

I was celebrating Christmas with his family. As soon I was notified, I traveled to Monterrey to review the autopsy results and talk to the father of German Segovia. There were no clues, German had committed suicide, taking with him the fact he was the only one in the group that had private conversations with Fidel Castro Russ about offering asylum to this communist group from Mexico.

PROBLEMS WITH IRAN MADE MORE STRONG THE RELATIONS BETWEEN MEXICO AND USA

President Trump is looking to end the Obama International nuclear agreement with Iran, but in the meantime oil Markets are going to shake depending on the consequences. Venezuela supports Iran. He even has American companies processing their oil, but the safest support comes from Mexico; not only in oil and gas but also with the international conflicts the US is facing. This country will need labor because Russia and China may sponsor Iran.

A book belongs to the readers mind.

The following years are full of challenges and the United States has no choice but to accept that Mexico is the best partner can have. Mexico is rich in resources, people, and bilingual qualified professionals. If the US doesn't approach this correctly, Russia, France and Japan, will do it.

In today's world, now is not the time to isolate one of the most powerful countries in the world. Countries must work together to instill leadership. The Great Wall of China is a monument for 2 million people who lost their lives there. Years later it has become a tourist attraction as opposed to a historical site which must remain protected. Carlos Fuentes, prominent writer and my mentor, said that the border Mexico USA is "the largest scare between both countries". Along the history, Mexico is the perfect partner for the USA. In fact, the United States reclines its power from the support of Mexico.

In Irapuato, my native Acámbaro, Guanajuato, Mexico's Purple Heart Medal heroes were buried. There were many heroes from Mexico, Korea, and Vietnam. (Even Mexico, even practice "Doctrina Estrada", with the No Intervention principle) When they moved to the USA, they adopted American patriotism and many Mexicans are participating in all wars wearing an Army uniform very proud to defend the American flag.

DONALD TRUMP ENDORSE THE CORRUPTION AND MURDER OF DRUG CARTELLS IN MEXICO.

MEXICO IS MY MOTHER AND USA MY FATHER

I am proud Mexican American, as I answered in an interview to the Atlanta Journal Constitution, "Mexico is my mother because it saw me being born, and United States My Father because it makes me strong" … with the question what Ill do if both countries break relations, I answered that is like a divorce, not necessarily kids lost respect for parents, they love both" (whole interview ahead on this book). I understand that both nationalities give me a strong perspective to respect and love both countries. As neighbors, Mexico and USA oppose many bilateral points of view and problems, but at the end of the day, both countries need a lot fom each other in many commercial and social aspects.

I am a Mexican American living in two countries in one at the same time, without crossing any borders; I only switch the language. They are two worlds, the world of Hispanics, which is the commercial target of Koreans, Chinese, Cubans and Colombian because of the undocumented problem. Mexicans use cash and that is the target that many people make a huge profit in the underground. In the last 10 years, people from India that come to America acquire gas stations because that works for their write offs and tax treats, and in some cases there is money laundering in illegal gambling in manipulated machines and nobody cares from the federal government. Before targeting Mexicans, target the people that use Mexicans and manipulate them to make up for their crimes. Nobody talks about them and dot Indians (in USA people ask which one Indian dot or feather; referring the dot ones from the land of Gandhi and the feather, the native Americans) are approaching their fame as very skilled for computer technology, when some of them are the ones that betray this country the most. Those gas stations sell alcohol and Tobacco to customers that have EBT cards, using barcodes of food labels, and nobody cares.

Undocumented Mexicans don't betray the USA, It is the people that manipulate them: drug smugglers, money launders. The majority of Mexicans work hard and is true that they do the jobs that African Americans and others deny doing. For example, Puerto Ricans create fake companies and process license plates for undocumented individuals so that they can buy expensive insurance policies and drive with expired driver license.

In the Mexico of the USA, everybody speaks Spanish and they even understand English, but they don't show it because in case of a problem, they argue their ignorance of the language, and the law is most flexible with them. Politicians made of these huge groups the big target since they discovered that Mexicans and Latin American vote balances the elections. But not only on the American side, these people are very

DONALD TRUMP ENDORSE THE CORRUPTION AND MURDER OF DRUG CARTELLS IN MEXICO.

influential beyond the río Bravo and someday their influence will change the corrupt governments along Latin America.

FEDERAL JUDGE CAN'T DEPORT AN UNDOCUMENTED ARMY SARGENT

Mario Orizabal came very young from his native land of Guatemala. As he learned to speak and write English fluently, in the 70's he attended one of the Army requests. he became a soldier, and received several distinctions. When he was Sargent, his general called him and asked to process his American passport to process his relocation to the German base.

At the beginning, he tried to lie using excuses, like kids in schools, but men in uniform do not use excuses. He felt compelled to tell the truth.

"General, the truth is that I'm undocumented." His general told him that there was a conflict because he could not deport a man in uniform. So, he asked to Mario Orizabal, come back to his office the day after with his whole family and dress in his Sergeant uniform.

Mario Orizabal, explained in the interview with the author of this book, that he was afraid, but he obeyed. "Francisco, when I saw two military police officers, framing the general's desk, I expected the worst; I expected my immediate deportation." He did the salutation and the general ordered him and his family go with the officers in an official car.

They arrived at the Federal Court where a judge was waiting. The judge questioned, "Mr. Orizabal, how many years have you been active in the Army?"

"9 years Your Honor... almost 10 in 3 weeks."

"Well, you do not have a criminal record, by the power I have on the Federal Court, I declare Sargent Mario Orizabal, a loyal soldier serving to the US ARMY, official US citizen as well your wife. Please raise your hand and follow up with the oath process."

The Honorable Judge told them to come the next day to pick up the certification of citizenship, the one he needed to proceed to get his passport to relocate to Germany.

"I wish you a successful mission in Germany." replied the Judge.

"Francisco, I could not believe it, my legs were shaking and we felt nervous. But we were very blessed.... once I spent 5 years in the German base, I was moved with all the troops to Iraq, when the operation Desert Storm began. I had many action adventures, and more than ever I was ready to die for this country if was necessary. One day in a classified operation, I was assigned to drive an armor vehicle overseas to transport a high rank officer. The name was classified, I couldn't even tell my wife about it. When I opened the door, there was General Colin Powell, something I would have never imagined. I kept the military protocol, but the general began talking to me, like as if we were friends for a long time.

TRUMP TOWERS BIG AS IMMIGRANTION GLOBALIZING PROCESS.

Donald Trump is in part responsible for the current polemic political issues, -(he recognize he is not polititian and goes straight to the point, (sometimes out of the box); Mr, Trump puts the wood democrats are burning on, he only "catch part of the fire" and without imaginable backbone strategy he is leading his reelection, meanwhile his enemies has not a solid opponent on the public opinion)- also not all americans are not focus to find the true analyzing deeply and even there is solid information that media can question they keep their tendency: FOX is pro Republican, CNN is pro Democrats, probing that the concept of fair and neutral media is over since more than 20 years ago, now corporations have their own media to protect their interest.

The average American has to screen several newscast, and read at least 3 different opinion newspapers or magazines, to have an idea, about whats going on, and the ones who only care about sports and have a fency car, "are informed" by comedians shows in broadcast or by unformal youtubers that only confuse more to the point that make feel the public opion that Vladimir Putin is the manipulator, could be in part, but is evident Donald Trump is still over that.

A book belongs to the readers mind.

In the top Globalization Era, Donald Trump, who was elected president in 2016 behind questioned election process, has his famous towers in USA cities and around the world. However, some of his policies isolate both sides of the land borders. Is immigration the real excuse? Or are other real reasons like: Avoid Americans leave the country in case of war, (this author research reveals that massive groups of families, leave continental USA to live in Baja, Costa Rica, Caribbean islands and European Union countries), since years ago unfortunately, American leadership falls all over the world.

Until the 1990's, American News media were the leaders of public opinion domestically and internationally, but with the lies about chemical weapons in Iraq, the Clintons multiple scandals, etcetera the world audience changed their preferences. Currently American media is not leader anymore in the worldwide public opinion, overseas BBC much more trusted. In Spanish, EL PAIS daily newspaper is the one that is most read and trusted along Latin America. Spanish journalists, (the real ones who are professors in recognized universities) consider the real and most representative journalist, in USA for Spanish broadcasting is José Díaz Balart. In their own words, the "others are journalist serve to groups of interest" that don't respect the protocols of press conferences to attract attention, like the flamboyant character of Univision that try to date the weather broadcaster and a soap opera

DONALD TRUMP ENDORSE THE CORRUPTION AND MURDER OF DRUG CARTELLS IN MEXICO.

actress at the same time, only sustain lies and never fight for the truth on the public opinion that change the audience's status. (note of the author, ahead in the Spanish section I explain how big corporations owned by Chicanos, support these broadcasters because even they can pay for legalization of all their workers, they prefer not to do it to keep exploiting them as slaves, underpaid and without benefits. Few companies really respect and support their employees that way but the truth is that they are the real responsible ones for keeping the immigrants in the shade. Especially the media in Spanish like Univision or Telemundo and others. They never broadcast English classes for those that can afford it).

The law "English Only" if is applied properly keep the obligation of public and open broadcasting to teach basic classes, but for politics of all parties are involved nothing happens. Why? Because IGNORANCE is the main merchandise exploited by politicians, businessmen and community leaders that make a lot of money in grants and contributions.

A corporation with a revenue of over 5 million dollars can easily [help to] process visas for all its employees, around 500 workers as a minimum expense that is tax deductible. But why it doesn't happen? Because it is easier and better take advantage of their ignorance and

A book belongs to the readers mind.

keep making money avoiding paying benefits to these hard-working people.

As a former ICE special agent, and teacher of the National Law Enforcement Academy, Hugo Rolando Briseño said: "Francisco this problem of Immigration is an endless business; everybody receives a profit and benefit of it, smugglers, drug dealers, some polititans, builders all the companies, and at the end of the process, immigrants make the labor more affordable". -(reference taken of the book: "Olvídese Frank Desde el Panteón no Podremos Hacer Periodismo" published on 2010 by Francisco M. Durán Rosillo.)

"The business based on the use of immigrants are endless, everybody makes money from them, they are the new version of Slavism, in better words, they are the best asset companies can have", remarks the former ICE special agent, Hugo Rolando Briseño.

CHINESE WALL BURIED 2 MILLION ENEMIES OF THE EMPIRE; BERLIN WALL WAS TORN DOWN AFTER REAGAN SPEECH; AND THE TRUMP WALL DIVIDES AMERICA.

When the Chinese wall was built to protect the empire, they proceeded to bury almost 2 million people that were opposed to the project.

Finally, the wall finished as a tourist attraction because China opened to the world when they commercialized their products.

The Berlin wall that divided the "two" Germanies after second War World, was torn down after the famous speech made by President Ronald Reagan, a speech that he resist to change and become part of his legacy.

President Donald Trump claims that there is not a country without borders that does not control undocumented immigration, make sense, and he is protecting americans, even americans don't protect him. The author of this book, respects that point, but if the Border Patrol enforced by National Guard and Customs applied a better strategy to keep the border safe, they would not need to expend a lot of money. With or without wall immigrants crossing, it is time the US policies begin to work with Latin American governments to reduce unemployment and violence in order to reduce the massive migration. Parallel work domestically to educate Americans to reduce drug consumption.

Current Media and Politics compose a great circus that has never been seen before. Every day is unpredictable, and the best of it is that in both sides are funny clowns, not only in America, but around the world the American influence touches the media. It is used to entertain rather

A book belongs to the readers mind.

than inform with solid criteria. When Turner Broadcasting System was censored in Colombia, Brazil and Argentina by cable operators, Turner Time Warner bought Claxon Group: local channels and cable companies in Argentina that control the media in that region. Why? Because Media is business and politics is a better business focus to manipulate mediocrity. Both like a large slice of the manipulation pie. If you analyze media, is owned by politicians and groups of businessmen that endorse those politicians. They like ignorance and huge Hollywood mediocrity that never understands Democracy and human political constituency.

The government of the people for the people is fragmented in Republicans, Democrats, and Tea Party, but the huge group of population that really deserves attention is relegated working hard, being underpaid and suffering for stupid mistakes of Congressman that receive fat checks for unnecessary expenses.

The United States of America is considered the "First World" but sometimes their politicians overreact and say things like if they are in the "fifth world." They criticize third world countries, but they are more corrupt because some lawmakers are the lawbreakers. They cover sexual abuse by using money of the official budget to silence their victims, innocent students that go in as interns.

DONALD TRUMP ENDORSE THE CORRUPTION AND MURDER OF DRUG CARTELLS IN MEXICO.

If American politicians of all parties, slow their stupid decisions, like the polemic song "despacito" they will do a better job. Currently, in all levels of government, they are fragmenting this great country, while their external enemies already are strategically in control of their weakness. Bill Clinton, shrunk the Education Budget, Space agencies and Defense Budget. Now both leaders on the congress of parties: Mitch McConnell and Chuck Schumer, Republican and Democrat respectably, are not representing the interests od Americans; only political empty arguments. They never worked before, and they don't understand how to produce revenue. It is why both parties paralyze government without any justification, for the reason that the criteria of the arguments of both sides are stupid, and don't help America, only make a poorer and more divided country.

Meanwhile other economies emerge in the world. The United States of Americais try to survive and lead, but their enemies, use the stability of dollar to enhance their economies; look at Russia, since they dollarized their economy they have the most expensive apartments in the world, beside the Kremlin. In India, being the kings of the American outsource, they dollarized their economy and solved their problems. The United States of America cured the problems of other countries, but kept their "domestic" cancer generated by illegal drugs adiction growing. The

A book belongs to the readers mind.

worst part is that those countries do not appreciate that; they make money from the US, and they hate it. It makes me very sad, because one day I went to the gym, and I saw a man from India using the American flag as his underwear, for some people it could look normal, not for me, that day I canceled my membership. Also, I used to eat Chinese food, and I saw that restaurant accepted encrypted bitcoin, I stopped going to that restaurant. Americans do not act to stop the problems, but when they react, it could be to late. I love the country of inmigrants under law and order; but American is still a country of immigrants, but the ones that bring drugs, are growing and with money buy their citizenship, that ones are NOT AMERICANS.

I feel a lot of respect for America and I feel so bad when hypocrites betray the government using prostitutes and fake news. Bill Clinton had sex in the oval office as President of USA, meanwhile Donald Trump had out of marriage relations before the elections; the blackmail is catching up to him minute by minute. Some people from other countries like China and India among others are the ones that abuse of the system. Chinese mob are the largest drug components trafficant into USA, using Mexicans to transport.

MEXICO CLAIMS JUSTICE FOR ALL

When people expose how the border is out of control due to undocumented immigration coming to America, 65 percent of those

DONALD TRUMP ENDORSE THE CORRUPTION AND MURDER OF DRUG CARTELLS IN MEXICO.

people are from other countries like China, Iran, Irak, Morocco, Guatemala, El Salvador, Honduras, Colombia, China, (Ecuadorians, Peruvians and Bolivians work undocumented in Argentina), (Panamanians smuggle in transportation boats and ships to get into the USA) Argentinians use tourist visa, and Chileans are minimum average, and "Ticos" Costa Ricans come to study in USA colleges and later decide whether or not they stay. Every immigrant is treated different, even when the law is one. But no, the government has "considerations" for the people coming from countries like Cuba, Venezuela, or Iran, they have amazing privileges, and they are not grateful to the country that welcomes them with open arms. Many cooperate with international terrorist organizations against USA. For example, in big cities there are Chinese massage places that practice prostitution and are under the control of "The Chinese Mob" the largest in USA. (Bill Clinton declared China the Most Privileged Nation after the conflicts of the Tiananmen Square in 1989; then Chinese natives moved to America by the millions) Mexicans are not treated equally all the time, they even work harder than Chinese. Authorities manipulate the border as a faucet, opening when they have huge demand of workers due to hurricanes or tornadoes, cheap labor to rebuild fast and better. (Author note: I recognize that mafias that smuggle people and drugs, take advantage of

A book belongs to the readers mind.

the proximity to cross more every day, but the clearest example, is that Mexicans do not qualify for asylum. Why? Because the USA considers the Mexican government a partner. But the problem and important truth is that Mexican government is between the most corrupt and oppressive governments in the world. Just consider how many unsolved journalist crimes and murders there are.

USA CHANGES EVERY DAY AND THE WORLD IS MOVING AWAY

Day by day, there is change in the United States of America; it is never the same. The global leader that rules political aspects of the world, commerce, wars, movies and public opinion, is changing for unscripted life domain by shootings, unexpected political decisions, and even then, we still love America. There are people in power who make mistakes, a few sick individuals that abuse the power and freedom given to them, but there are still many people that love America, including immigrants like the author of this book.

There is a real part of America that nobody knows and is influencing more and more, hour by hour, the one planning to use bitcoins if Donald Trump regulates the money transfers to Mexico to force pay for the "wall". The America that is relegated as second class citizens; one that is very productive in all fields, including the government, because they pay taxes and don't get reimbursed. It is the good immigrants that give face to America Underground.

DONALD TRUMP ENDORSE THE CORRUPTION AND MURDER OF DRUG CARTELLS IN MEXICO.

The traditional American Express Card is green, because it was created based on the card immigrants from Europe got when they arrived at Ellis Island, to pay for the transportation. It is also believed they have the "green card" that apparently authenticates their immigration status in the United States of America. That is the way the longest brand of credit cards was created, taking the name of the boat that transported immigrants: American Express. This is the story that the worldwide credit card company took from their background.

Hundreds of songs describe tribute to America the Beautiful, picturing the beautiful sous, of the people from every small town to crowded cities; some inspired by people who haven't stepped foot on the Dixie soil, but all picture this country as the best country in the world, America the Beautiful.

Americans are saturated by toxic, manipulated comments with wrong points of view on the traditional media and social networks. Ufortunately a minority of these comments are constructive and true. However, these are still enhancing the First Amendment that made America Strong. If the audience is only listening and reading "lies" from mass media, no worries, public opinion can determine what is true.

People have the power to understand what is true and what is fake. They measure the news, looking for violence on the streets, crime,

A book belongs to the readers mind.

checking their budget, or unemployment, even on the water quality, so we live in a world where politicians on all levels: Federal, State, City and county, can't cover the truth with a lie.

So, the "fake news" tagline, is true for some media but not for all. In the current times, we need to be more proactive about the facts that news broadcasts endorse; having clear that some media are pro republican, and other pro democrat. Also, let me make it crystal clear that the main business of media is political advertisement. So, there is no "fair and balanced" coverage; some stories are paid, and some are not. When a CNN producer, whose organization slogan states "The Most Trusted Name in News", kills dogs in a cage with propane gas makes it hard to trust in them when they report out that Sadam Hussein was testing chemical weapons. CNN became bias after the merger with Time Warner because when Ted Turner owned the information, they fairly reported both sides of the story. Fox carries the background of Rupert Murdock's, father, Keith Murdoch, Australian journalist that makes a majestic coverage of the Nazi manipulation on huge propaganda worldwide of the second war world, his stories determined the decisions of other countries.

Manipulating public opinion is the golden key of every government, leader, and corporation. Mostly when that country is the first in the world, but with the proliferation of social networks, nobody waits for

DONALD TRUMP ENDORSE THE CORRUPTION AND MURDER OF DRUG CARTELLS IN MEXICO.

the traditional media manipulated story anymore. Everybody puts their own opinion on their walls and it is why President Donald Trump has over 95 million followers, who sponsor his tweets because they are "tired of such manipulation on the traditional media."

The author could work for Turner Broadcasting System, owner of CNN, also works on Fox International channels, Televisa, Grupo Reforma, and I have the moral authority to probe that media is looking for the business first, the truth is secondary. The Media blackmails some polititians with stories they hide, and threat to publish if they don't spend a big part of their budgets on their media. That's all, the media is a business of money, they never serve the truth.

In Mexico and in the US, politicians try to make their own media business or buy it. They prefer to have allies that protect them. William Randolph Hearst has an empire of newspapers at the last decade of the XIX century, and ran for several positions as a democrat, as mayor of New York, congressman, but his dream of became US president has never come true. The game of using yellow press, applied to spectacular news and political comments associated to the comics like the "Yellow Kid" were changing the mentality of readers, and the political satires. The flamboyant lifestyle of the journalist made him lose gradually 50 years of powerful and influential power in political journalism. South

A book belongs to the readers mind.

of the Rio Bravo, in Mexico, almost at in the same era, Mexicans have a parallel character, Coronel José García Valseca, also flamboyant and influential owning 30 newspapers across Mexico. The paper was regulated by PIPSA, Producer and Importer of Paper, and the government of Luis Echeverria gives a lot of credit to the papers of Organización García Valseca. When they couldn't pay, Luis Echeverria made a fraudulent operation take the company, as well using the Mexican Army. In 1968, the government took Excelsior directed by Julio Scherer Garcia, by force and put it in the hands of the drug addict, Regino Diaz Redondo.

Press Freedom is determined by kingmakers that have their own mass media to keep immunity of their enemy's attacks; it is why CNN supports democrats meanwhile FOX News supports republicans. New journalists are everywhere: young people with a cell phone connected to social media currently reporting live, before the traditional media, that basically reproduce their footage and pictures.

Public opinion is moving to social media, it was confirmed by the informality of Donald Trump's "tweets".

American Media is a "weathered machine" that creates and destroys celebrities in prime time, but losing punch when audience reads social networks.

TED TURNER OFFERED $10 GRANT TO KILL MURDOCK

By Francisco M. Durán Rosillo.

Many times, I was requested to assist in projects on CNN with producers like Ted Rubinstein, David Martin, Michael Hessing, people that work very close to Ted Turner. That was the Real CNN, without compromises, Ted Turner agreed to inform the news, just as it happened.

On the 1990's, Ted Turner celebrated town meetings with the two big wings of the company: News and Entertainment. In one, he asked if we had questions advising: "Don't ask me about salaries, because I crossed the parking deck and I saw better cars than mine." The same speech after announcing the forecast for Cartoon Network in Europe and Asia, he makes a risky, proposal: "I'll give $10 000.00 to the one that goes and kills Rupert Murdock, well only do it, if he doesn't accept a boxing match between him and me and we donate money to charities".

The problem was the merger with Time Warner. Time Warner took off all credibility and behind the tag line: "The Most Trusted Name in News", CNN became a disaster because Cable News Network become the platform that informed everything about the Clintons.

The videos aired about how Sadam Hussein killed dogs with chemical weapons aired by CNN were taped in a backyard of a producer in

A book belongs to the readers mind.

Georgia, who made such videos with hidden a camera in a box where the dog was and dying with propane gas. This fact produced a lot of polemic and Time Warner spent millions of dollars in Marketing to rescue the credibility of the company, but the audience saw and it result in massive layoffs. These facts were approached by Fox News that hired the popular polemic and good looking anchors of CNN like Lou Doubs, Bill Hemmer, Tucker Carlson, Glenn Beck, many of them were against immigration and the democrat. So they adjusted perfectly to the political line of Fox News Corporation: hate immigrants, support the rich, underestimate the poor with good ideas and never open their editorial line to minorities. Everything against the open mind line of CNN, where minorities have a chance to express themselves freely. (Meanwhile the owner of Fox, Rupert Murdock is a Mega Rich, Jew from Melbourne, Australia with a huge compromise of economic business with Donald Trump, Bankers, and Oil Companies that are targeting make of the world an economic concentration camp, where people don't have rights and opportunities) Fox copied the formats on graphics that confused the audience; once Fox raised the rating they applied their own format, and new programming concepts and hiring the best anchors from CNN and schedule the programming at the same

DONALD TRUMP ENDORSE THE CORRUPTION AND MURDER OF DRUG CARTELLS IN MEXICO.

time they were on CNN, exposing points of the coverage of stories that CNN hid.

After a long war for the rating marinated, by the end of the Obama government and the beginning of the controversial "tweets" of Donald Trump as president of the USA, CNN executives planned move studios to New York, (decision is on standby because now the new owner AT&T wants to keep it in Atlanta), but the truth of that decision has 2 reasons: first CNN Center is the most risky location that makes it easy to target for a terrorist attack, because the under a train railroads; and the second as a possible rebranding of the name Turner, it could disappear to "Warner Media", the new AT&T owned media News & Entertainment. The only wing that remain in Atlanta controlled by Time Warner is the Movie Studios, but there is a lot of negotiations going on. In the meantime, when Time Warner merged Turner Broadcasting System, a lot of people were laid off. Those ones in the areas that duplicated with Time Warner like: Turner Publishing; Marketing and others. So, on the exit of the Entertainment Techwood campus, they put a big banner reproducing the cartoons end page: "That's All Folks".

Let's see what AT&T does in case they lay off people at the time they launch their new platform for news on cell phones and cable system.

Fox News is not honest. Now they began to cover Trump's mistakes they had ignored at the beginning. Rupert Murdock JR., is buying the cable systems in Italy, Argentina, Dominican Republic, parts of Europe and they are using the same strategy Turner Broadcasting did when their ratings fell and cable operators in Colombia, Venezuela and part of Brazil dropped Cartoon Network, and when IBOPE, Brazilian Institute of Public Opinion was fined in Argentina for manipulated ratings privileging CNN, when it wasn't true.

We can write hundreds of pages with examples of how CNN and Fox manipulate the public opinion to the extremes, but the audience that decides is tired in the middle, with their own point of view with their own platform on the social networks.

DONALD TRUMP ENDORSE THE CORRUPTION AND MURDER OF DRUG CARTELLS IN MEXICO.

TURNER BROADCASTING SYSTEM BEFORE AND AFTER THE TIME WARNER AOL MERGE.

There are two sides of stories about the legendary company and the news network that made of the world a village, as Ted Turner mentioned in many of his speeches because the international news were broadcasted live, changed the world and become the way of globalization that was consolidated with the internet networks.

Ted Turner runs his company in a very successful and honest way, (the author of this book worked on Program Edit, TNT, Cartoon Network and CNN since 1997 thru 2004).

Along Ted Turner's administration the company's growth was fast and consolidated thanks to the people that worked so hard to help bring more advertisement and branding for every channel.

CNN & FOX HATE IMMIGRANTS BUT THEY LOVE US IN SPANISH.

It seems that CNN and FOX NEWS, the major cable news channels, will play a farce on the bilingual public of the United States; or rather, report what suits them commercially and politically to keep the audience. Both, Fox News and CNN in English are questioning and attacking immigration in the USA.

Commentators in both networks are using any excuse against the legalization of dreamers, and refugees, since leaders have been making proposals in Washington to make amendments on the law to accept them as legal residents.

We are missing fingers to count: Glenn Beck, Lou Dobbs, O'Reilly, Sean Hannity, Pat Buchannan, Newt Grinwich and if I keep giving names, I would not end this editorial. FOX and CNN, on their channels that broadcast in the Spanish language, Mundo Fox and CÑN, both strands of the support, express the views daily of the leaders who are in favor of immigration reform, (the opposite to the English Channels broadcast) while English that give more voice to the reviews Anti-Immigrant Marco Rubio and congressional Republicans. FOX News Channel in English made a lot of profits in the English Market, now they are investing that money on the Spanish channel Mundo FOX and other entertainment networks because their executives realized that the growing future of the United States is the Spanish-speaking community. That average is three to 5 children per Hispanic family, while a family in other ethnic groups have at most an average of two children. Meanwhile, FOX is following the steps of Televisa (the largest Spanish TV network in the world), which for decades has had millions in profits on Univision, Galavision and sports channels and movies giving preference to pro-immigration activists, in English they are still questioning everything that concerns republican congressmen, which is okay, but what really frustrates the bilingual audience is that why in

DONALD TRUMP ENDORSE THE CORRUPTION AND MURDER OF DRUG CARTELLS IN MEXICO.

English they Hate us, and in Spanish they support us? They probably do not understand the word hispanophobic, they just like the revenue of the fastest growing market that Hispanics represent. An example of the growing wave of Spanish-speaking immigrants not only Mexicans but throughout Latin America, is that advertising agencies are beginning to take their talents from Latin models to promote products and services. As I mentioned in one of my radio shows:" Night Talks: Words with Image (Charlas de la Noche: Palabras con Imagen) "Latinos are a halftone that is more a clearer visual image of the United States that was previously interpreted as black and white. Good for now in every way we are now, the average contrast adjustment or halftones that are bringing great wealth not only with hard work and ingenuity of our hands, but our folklore, music and lyrics. Just in case anyone wants to think otherwise, first check the annals of discoveries done by great immigrants in the United States. Where is the inventor of the color television, Guillermo González Camarena, Mexican resident of USA, that revolutionized the world of entertainment? Thomas Alba Edison, Steve Jobs, were sons of immigrants, etcetera." Immigration has exalted the United States repossessing as the country leader in trademarks and worldwide brands.

The challenge that Donald Trump represents in both ways of domestic and international politics, will force Mexico to elect a real businessman as the next president to catalyze the impact of the attacks.

Anticipated that you will read ahead, this book explains how media moguls such as Alejandro Junco de la Vega is advising the Tea Party, Texan Ted Cruz election. Meanwhile the Mexican-American Emilio Azcárraga Jean is giving huge support to the formula Michelle Obama – Joe Biden.

On the 1970's When Jack Anderson wrote in the editorial page of the Washington Post about the corruption of Mexican politicians, I was a middle school student when I read it. I began to understand the power of editorials and influence of the American press in Los Pinos - (government house in Mexico, equivalent to the White House)- Now, the media moguls of Mexico are very active in the political background of the USA due to their business and to support their Mexicans living in the United States. (Note of the Author: Los Pinos, become a museum since the day Andres Manuel Lopez Obrador assumed the presidency) Mexico can't be another Venezuela because a populist like Andrés Manuel López Obrador, is part of a deal with Washingtonb, even he is not skilled with the credentials on how to manage Public Administration, he is fighting against corruption in a Mexico where population don't voted for him, they, voted against crime, kidnaping

DONALD TRUMP ENDORSE THE CORRUPTION AND MURDER OF DRUG CARTELLS IN MEXICO.

and negligent polititians, consequently it jeopardizes the stability of the region; it also would impact and weaken the political power of the United States.

Mexicans are tired of corruption and demagogical alternans governments PRI PAN PRD on the short and mid-range, where MORENA is a oasis in the desert. Mexico needs a deep reform that aligns the country in all aspects of economy, social and foreign affairs. Luis Videgaray stabilized the relations maintaining temporary harmony and communication with the powerful neighbor, but the eyes and feelings of many Mexicans are reclining their hope on the Russian leader Vladimir Putin and the French president, Emmanuel Macron.

Donald Trump lost the respect of Mexicans and before he builds the border wall, some Mexicans already built a social line between both nations. Mexicans are underpaid and exploited, but to avoid all abuses against these Mexican workers, American corporations use Mexican, Cuban, Colombian subcontractors who are responsible of exploitation. There are a lot of cases of American tourists that are victims of robbery and abuse on Mexican soil, but nobody reports it or if they do, the authorities ignore.

COMMERCE, THE CATALYZER BETWEEN MEXICO AND THE USA

When President Donald Trump ordered to review the North American Free Trade Agreement with Mexico and Canada, the tip of the iceberg was that many products are obtained a better price than if these are grown in the USA. Outsource is still one of the better elements to reduce cost.

Negotiations are polemic but when all the countries involved find equal benefits they will close the renegotiation of this deal.

Comparing the deals of Bill Clinton with China, when it was declared for the democrat president (remembered by the oral games), that "China is the most privileged nation" in the commercial deals, was the point where the US lost the balance due to Chinese deals that grew out of proportion.

The deal of President Trump is bringing back all American companies that are outsourcing and put to work those capitals in America to produce jobs and motivate the economy.

This challenge also will influence the global economy, the dollar currency and the prosperity of the US to become stronger, but not for other countries.

DONALD TRUMP ENDORSE THE CORRUPTION AND MURDER OF DRUG CARTELLS IN MEXICO.

ALEJANDRO JUNCO DE LA VEGA SUPPORTS TED CRUZ; EMILIO AZCARRAGA JEAN TO JOE BIDEN - MICHELLE OBAMA:

Alejandro Junco de la Vega: Publisher of the most influential newspapers in Mexico, Grupo Reforma. His editorial line influences the free and democratic elections, but this effort becomes conflicted when newspapers were manipulated with the official advertisement. Junco de la Vega is well respected but unfortunately, he kept his longtime friendship with the Cuban American politician Ted Cruz, who likes to change the law in the United States making the kids of undocumented immigrants that were born in the USA not acquire the citizenship.

By close sources the author of this book, who for 11 years worked for his newspapers, can confirm that Junco de la Vega is advisor and sponsor of Ted Cruz who is running again for 2020. Both disappointed with the policies of the "candidate that knows more than Generals", (comment that now Donald Trump as commander in chief makes more sense,

FOX FACTS
SEN CRUZ (R-TX): WE SHOULD NOT BE GRANTING A PATH TO CITIZENSHIP TO ANYBODY HERE ILLEGALL
AMERICA'S NEWS HQ

Julio 17, 1982

Para: Sres Frank Ochoa y Castro
De: DIRECCION GENERAL

Lo felicito por la Sección Policiaca.
Notas como las del idilio-tragedia que aparece en la
página 19, ciertamente son interesantes, sobre todo
cuando, además de tener buena redacción y buenas
gráficas, se le luce adecuadamente con formato y
cabeza.

Atentamente,

Alejandro Junco de la Vega

but not when he was running for the presidential election).

United States politicians always aware about Mexican presidential elections due close relationship, but now more han ever, Mr. Donald Trump needs fair advisors in regard to Mexican relations, those who could think and work deep on making right decisions due to the complexity of the Mexican government to manage because if Mexico is lost, the United States jeopardize their best ally. At this point probably, President Trump begins to understand the dimension of the importance of the next-door neighbor, but months later, in an interview with Barbara Walters, Trump recognized the importance of Mexico and blamed, the corrupt Mexican government for the problems with drugs and human trafficking.

The years I worked as an investigative reporter at El Norte newspaper, I went deep, and I discovered Guillermo Gonzalez Calderoni, the Mexican Federal Police chief, was the one that managed the drugs cartels from Colombia through the Mexican American border. his chilling actions made Alejandro Junco de la Vega take measures and not publish how Gonzalez Calderoni and the brother of the Mexican President Carlos Salinas de Gortari; Raul Salinas de Gortari, were the ones that controled the fast track distribution of the new drugs that now are affecting and killing too many Americans.

Nobody can say that the government was the main drug lord because they kidnap journalists and innocent people to have everything under control.

Once, in the newsroom of El Norte, Alejandro Junco congratulated the author of a book about the coverage of special report of guerrillas en El Salvador. I thanked him, and my comment was: "Mr. Alejandro Junco de la Vega, why can we not we do a special investigative report about the Colombian and Mexican cartels partnership, arriving to Monterrey, to manipulate the border territory? ... Junco de la Vega interrupted me

A book belongs to the readers mind.

abruptly and his answer was: **"Remember Frank from the cemetery we can not do journalism anymore"** and walked away from me. I was frustrated because only once he censored a story I wrote. The one when the son of the governor, Alfonso Martínez Domínguez was caught by Monterrey police with cocaine and under influence carrying a 357 Magnum revolver, with the one he tried to shoot Police Officer.

Alfonso Martinez Cardenas spent couple hours in jail, and after midnight was released, by orders of his father, the governor or the State of Nuevo León, Alfonso Martínez Domínguez, a respected politician because years before when he was the Mexico City leader of the PRI. In those times, the official political party and manipulated the elections and never lost. Also Martínez Domínguez, was the kingmaker of the group called "Halcones" (hawks) the majority with military training and was a group of almost 2000 undercover man, dressing as civil man but coded by the military boots, they were following universitary activists and leaders to identify them and at the time they received the order they use kendos and some were equipped with bayonets, killing young students, ladies, elder people and kids without mercy.

DONALD TRUMP ENDORSE THE CORRUPTION AND MURDER OF DRUG CARTELLS IN MEXICO.

The most criminal action on the Mexican History, beside Matanza del 68, was one fully executed by the Mexican Army led by the general, Marcelino García Barragán.

Many politicians argue with the excuse that those meetings were led by comunist with ties from Russia and Cuba. Then, the american government did not have any reaction. On both massive killings "Matanza del 68" and "Halcones del 2 de Octubre de 1971" the federal government was the kingmaker. The day after, authorities use the fire department to remove the blood from the streets and the cadavers were removed with machinery to move stones. Years later, more massive killings were executed in the Mexican provinces to stop activists in Rural areas. In fact, the federal government from the PRI and PAN (former president Vicente Fox, metion he load the dice to manipulate the elections against Andres Manuel Lopez Obrador)- to kept win his party PAN using corruption and intimidation at the same time, so nobody opposed to their decisions. In recent times, there has been a big intervention of canadian companies that are looking for silver and gold in Mexican soil.

So my former editor in chief, Alejandro Junco de la Vega, felt intimidated by those actions of the federal government and the mobs of drug dealers violence, and intimidation made them decided to move

A book belongs to the readers mind.

to Texas with his family, where he kept his friendship with the senator Ted Cruz.

Emilio Azcarraga Jean, moved his capital out of Mexico to invest more money in Univision and Telemundo. The idea was to support democrats on the 2020. Azcarraga Jean's solidarity with the Mexican undocumented is marketing to have more revenue on his Univision Telemundo networks, producing programming in Mexico paying devaluated pesos and selling on dollars on prices that match the Hollywood series.

Azcarraga is very well advised to write off taxed; he is one of the richest men on Earth, hidden in the shades to not attract the attention of the IRS and is a big sponsor of Michelle Obama.

LONELY WOLVES SPONSORED IN TERRORIST ORGANIZATIONS

The first war of the US was with Mexico and now every time that United States experiences problems in the middle east, Mexico without hesitation provides gas and processes products to aid its neighbor.

Mexicans are well liked and respected by Americans, it is only a hispanophobic minority that is against immigration. For those that don't like immigrants, observe that Mexicans only come to work hard, and they go back to Aztec territory to retire, there is only a minimum part of the ones that stay on the USA soil for their elder age.

DONALD TRUMP ENDORSE THE CORRUPTION AND MURDER OF DRUG CARTELLS IN MEXICO.

American lifestyle is used and disposed and everything is done with a minimum effort. It becomes a fingerprint of their lifestyle: Uber Food, Apron, Amazon Food. "Bring me the food that is already cooked, I don't have time to get groceries and cook, that complicates my life."

"Do the lawn? No way, the game begins in 20 minutes, call those Mexicans across the street to cut the grass for 40 bucks".

Americans love a nice glamorous lifestyle and being in style with the latest fashion. Their brands are the Trademarks, a domain of the world of business, but unfortunately only a minority participate in politics to defend what is right and reject what is wrong.

Recent investigations of the intelligence agencies, determine that there are no "Lonely Wolves" in any recent terrorist attacks in the USA and European Union soil. All of them are sponsored by enemy governments, organizations. Hezbollah is controlling Lebanon, and people from that country are the ones that occupy an important place in the immigrant community in Mexico. The Lebanese embassy is in Polanco, a high scale neighborhood in Mexico City. Meanwhile in Monterrey, the "Club Palestino Libanes" is for the prominent group of businessmen that live in that industrial city and have huge businesses in the north of Mexico. Now let me make it crystal clear that Mexico is not the problem, and the group of entrepreneurs are very prominent. However, the terrorist organizations look for a place to hide and manipulate their operations and ultimately chose Mexico. If President Trump keeps hostile politics against Mexico, he is facilitating for terrorist groups to develop strategies against the USA from the Mexican border. Therefore, United States of America must keep a good relationship with its second commercial partner. After September 11th, a news reference states that, some Chamber of Commerce of border towns in the US were asking to open the border because they need the income from the customers on the Mexican side. Believe it or not, some Mexicans not only buy electronics, but also the toilet paper in the American side. (there are many stories in this regard, but one of the must polemic is in Monterrey, Mexico in the 1970s when the largest beer brewer in Monterrey, boycotted EL NORTE newspaper, asking all business not to advertise on this daily. The owner, Alejandro Junco Gomez, sent all the salespeople to the border businesses in the American side to sell ads. Weeks later, the Monterrey consumers spent their money in the US and Monterrey's chamber of commerce gave the arm to twist and bought back advertisements in EL NORTE of Monterrey. They asked to Rodolfo Junco Gomez to stop selling ads to the American stores, he only asked Cerveceria Cuauhtémoc, (the largest beer brewer that has 28 percent of the shares) sell back those making Rodolfo Junco de la Vega Gomez, the largest stockholder of the newspaper. This story is endless because years later his own sons, Rodolfo y Alejandro "stole" (according to their father's words), those shares from his office and kicked his father out of the newspaper because of their mother's death in an accident. Rodolfo Junco de la Vega Gomez married another lady. Even in controversial cases like this, it always the American business of the border towns of the United States that are always looking for the Mexican shoppers.

Making a short synopsis of this perspective on this book is imperative to compare these two characters that rule the public opinion in Mexico and USA: Alejandro Junco de la Vega and Emilio Azcárraga Jean, both have a massive audience on both sides of the border of the USA and Mexico. Junco de la Vega is looking for truth and justice, while on the other hand, Azcárraga Jean is looking for commercial political manipulation. You'll read in the next pages how the big interest of globalization is not commercial, it is incubating in your mind the destruction of the truth.

SOCIAL NETWORKS NARCOTIZE; GOOD TO HOOK IGNORANTS

The fast proliferation of social networks creates an invasive cancer that is killing the meaning of the human being existence: the truth.

Newscasters on prime time dedicate more of 45% of their content to social networks letting such manipulation grow in the minds of new generations, those who are not educated about the formality of verification of trustworthy sources.

Humans are paying the high cost of the huge trends with millions of "likes" but without confirming their content.

It's unbelievable how the mass media shares the lies of social networks converting it into "Fake News" because they only sometimes verify the sources.

But the problem is that every politician manipulates "the Fake News" to their own convenience making the concept a strong tool of manipulation in regard to the traditional media content. Old audiences need to educate young millennials about this because is becoming a huge unsustainable platform of something that earlier or later will collapse and ruin the political systems worldwide.

As Facebook sold space to Russians and others, including Democrats and Republicans strategist during the 2016 elections to manipulate fake news and tendencies. Now, the giant network with billions of users worldwide is planning to sell political ads and strategies worldwide.

The "beauty" of Twitter was telling a message in 140 characters, and it was the part that Donald Trump, capitalized very well during his political campaign and his first months of government. Now the blue bird network increased the number of letters. This is not attractive to readers because we are living in times that people expect clear and concise messages. They do not like to spend all day reading long ambiguous ones. Americans like to go straight to the point. In fact, Donald Trump said at the beginning of his campaign that people don't believe in long speeches anymore.

As many countries try to use traditional mass media to manipulate, governments found out, they cannot compete with the short & substantial messages in social media.

UNIVISION & TELEMUNDO PARTNER: TELEVISA, THE MAIN MEXICAN TELEVISION MONOPOLY SPONSORS THE RECOVERY OF THE LOST MEXICO.

If they really cared about the Latin immigrants, the huge conglomerate of TV and Radio in Spanish in the USA, they will help them to learn English, and the history and culture of the United States. Though that is not the case, the reality of their plans is over populating this country to keep the Mexican dominance along the territory. Ii is sad to say but all these networks play more programming that is focused on increasing vice and prostitution with their series about Narcos.

Meanwhile Televisa is blending audiences in Mexico and all Latin American countries, like Chile, Nicaragua, Argentina, Costa Rica, Peru, etcetera, in the United States it is growing and growing, having a bigger audience than CNN.

The golden rule is that they produce cheap soap operas in Mexico paying pesos, and sell it to dollar price in the USA. Additionally, the golden business of manipulating music, product placement, selling a line of medications over the counter, Genoma Lab, those that are unregulated and many of these "medications and remedies" are a farce for many Mexican users that can't afford the medical services.

At the 1980's Telemundo suit SIN (Spanish International Network,) now known as Univision, created a monopoly, and now Televisa acquired Telemundo and uses both networks to compete in audience and manipulate the music market that is very profitable because they let them launder money. There has been a tendency from the investors to manipulate and sponsor musical groups to continue to fund these operations.

Nevertheless, the Spanish network hides this part very well. Indeed, when musicians go to live programs to promote their music, they give expensive gifts to some of the program's host.

Profile the relationship between the US and Mexico is deep and complex. With Donald Trump it became even more complex, due to the fact that the United States' President is tired of Mexican corruption that generates the massive emigration of Mexican citizens into the USA.

The United States has a strong commercial and political influence within Mexico; meanwhile Mexicans play the hardest role though hard work on American soil in farms, factories, landscaping and construction; they are underpaid and have no rights.

Donald Trump's discrimination marketing is to manipulate the cheap labor and make some temporary workers seem like disposable cups.

The "Other" Mexico in the USA, is the one that is tired of corrupt Mexican politicians.

The power of Mexicans with ballots and money is real in Mexico and in the United States. Mexican Americans become an electoral power in the USA and their influence is imperative in Mexican political decisions.

"America Underground" is the part that harms both nationalities by writing off taxes, smuggling people, and trafficking drugs and the law does not help regulate or control it. The border is like a faucet: politicians open when there are disasters because of tornadoes and hurricanes to clean and rebuild American cities at a lower cost.

Almost 15% of Border Patrol agents are married to women that once they caught undocumented in the Mexico USA border.

America Underground; (En Manos de Quién Estamos los Mexicanos), is a book that pictures not only both sides of the Mexico USA border, but also illustrates how Mexicans live beyond the borders. Especially in the "other" Mexico inside the United States; (not the state of New Mexico) it is the expanding Mexico that makes our foods and traditions famous and unfortunately, in some cases, illegal drugs. The contriversy about the huge presence of Mexicans on American soil, is questioned by homophobic leaders and some politicians, but believe it or not, it is imperative for the economy of the great country of the United States of America. I write about how Mexicans are populating very fast some US territories, but they are still encapsulated in a "golden cage", "under the shades"or "the invisibles" I see it like "America Underground, ¿En Manos de Quién Estamos los Mexicanos? - In the hands of whom are the Mexicans?) but parallel to it, some cities of Mexico become a perfect place for retired Americans, like San Miguel de Allende. Beaches of Baja California and Yucatán, which means there is reciprocity.

Hispanics, (majority Mexicans) found relief in sanctuary cities.

BORDER TOWNS PERFECT WHEN PEOPLE LOSE THEIR CREDIT

Some Americans that lose their credit for because they don't like or want to pay child support, are moving to Mexico-US border towns; they work on the American side and live on the Mexican side paying less money for rent.

Likewise, there are some American citizens that control the drug markets living on their own "sanctuary pueblos" on the Mexican side were they are perfectly protected. If they become fugitives, then they get a new identity and the local and state police works for them.

DONALD TRUMP ENDORSE THE CORRUPTION AND MURDER OF DRUG CARTELLS IN MEXICO.

Living in the USA and having roots of a foreign country is like having to live a double life, not only because we are bilingual, or have food preferences, but also because we see how the ignorance of some Mexicans without possibilities to study is the target of media influence. That which is capitalized by some Cubans and Puerto Ricans are raised in America to make big business exploiting those who are ignorant. In fact, the largest public relations agencies in Washington, are used by lobbyists that manage the political relations between Mexico and the United States; they are managed by Cubans. Yes, by ignorant Cubans that have never lived in Mexico or any city of Latin America, but have read about it, and become trustworthy advisors for the American Government. Their skill is speaking English perfectly, but they apply labels, like Americans. It is why the Mexican government has never seen prosperity in bilateral relations. American government pays more attention and helps the middle east country overseas more than their next door neighbor, where the real problems can occur. (Sad case because Cubans are the real "Chicanos" (Chicano is a Hispanic person that raised in the USA and has never lived in Latin America, and have been misled on concepts about the Latin-Americans politics and the Spanish speaking people). Many of them they don't know the history of Mexico; this is something that must change because mending   the bilateral relations between Mexico and the USA could be better if we take out the Cuban middle man.

Mexicans do not hate the USA; they are confused about the polemic against them. With the constant State Department warnings to travel to Mexico, the Aztec country is turning their tourist and commercial promotions to Europe and other countries. In fact, Mexicans raise their criticism against President Enrique Peña Nieto and his Cabinet, questioning why his team was soft, and didn't answer in the same aggressive tone? Let me be clear, when in the White House is a "man out of the box of international protocols", the Mexican politicians are doing the right thing: shaking hands and "putting the other cheek".

President Peña-Nieto and Secretary Luis Videgaray are showing that they care about foreign policy by carrying themselves in this manner, sometimes a fight is no the real answer when you have a pit bull barking without reason. Former candidate Sarah Palling said very clearly in a republican convention: what's the difference between a hockey mom and a pit bull? lipstick".) Her reference was misunderstood by some in the media, but what she means to say is: what was the difference between a regular house mom and one of the most aggressive dogs, pit bull and the answer was lipstick. Why? Because she means that enough is enough; Women are tough too and can be part of the government and social movements. Americans are tired of spending billions of dollars

DONALD TRUMP ENDORSE THE CORRUPTION AND MURDER OF DRUG CARTELLS IN MEXICO.

caring for the peace of the world and are the ones that put the money on the recovery of those countries with fruitless results that only few politicians have the privilege. Since that speech, the former governor of Alaska was isolated politically, but Donald Trump brought to light by saying that he agrees with her words. But the president of the United States can be tough guy without using offenses and aggressive tactics to humiliate and manipulate. Yet, this is what Donald Trump has been doing with Mexicans on his campaign and in the first months of his government, expressing that the Plan Merida, against drug trafficking never works. Then why he doesn't go for the drug dealers and smugglers? (Note of the author, I was finishing editing the copy of this book on September 2017, that means 9 months after he procured the power and we still do not see kingpins of the drugs and people trafficking in jail yet).

KINGMAKERS ARE ON THE MEDIA

The main factor that inducts hate against Mexicans, is that they been living for years in the USA without learning English. Well, Spanish television and radio are responsible in big part because the Federal Communications Commission, established that media must help to preserve the English-speaking language; but also provide education and orientation to respect the laws of the USA, even for the dominant

Spanish language stations. However they cover themselves using the First Amendment as an excuse.

They must include in the Open Broadcast (like Univision; Telemundo; Star TV; La Mega) educational programming to teach the English language to the audience, and provide an orientation to learn the basics about the history of the United States, but they do nothing. Why? Because they know that the day their audience learns English, they will not watch their crappy networks again. At the very minimum air subtitles in English, so they can upgrade to better content programming channels. They know that if they don't do that is because they can lose the manipulation of 25 million people that they already manipulate commercially, also politically.

To show an example about how kingmakers that manipulate Mexicans just to see how executives of Time Warner nominate months preceding the election, they made Jorge Ramos, the flamboyant Spanish language TV announcer, believe that he was "The Most Influential Man in USA" to manipulate him like a muppet. A planned decision to manipulate the vote that "balanced" the election every 4 years, the Hispanic vote. What those ignorant executives of Time Warner ignores was that a significant number of Mexican-Americans, living in the USA, have a college degree and are bilingual and they understand how Univision tries to manipulate everything, -(note of the author, Univision is a network for entertainment. 80% of the content is provided by Televisa, the most hated programming by Mexicans because the owners throughout the generations used their TV station against democracy, justice, and social values. There were hundreds of events of murder and torture.)

(When Emilio Azcarraga Milmo declared the tagline of Televisa's channel content, he declared we will do "Television de Vecindad" meaning its content focused on people that live in poor neighborhoods; the ones that are most targeted and manipulated by the Mexican government.

With the massive control of the audience, the government has other tools to control students; the most recent is the 43 missing Ayotsinapa students, that disappeared after the Police and Mexican Army stopped the bus that they were traveling in. Years after, there are no traces of them) (Emilio Azcárraga, nicknamed "The Tiger", is a flamboyant character that used to date the soap opera actresses, said: "I am a PRI soldier", declaring his loyalty to the official party PRI couple years before he died; Likewise, he manipulates content of his newscast privileging the candidates of the official party that ruled the government for 60 years, and manipulates the "alternance" of political parties.) It is an extension of the decadent emporium: Televisa, (called by the owner: "Television of Vecindad" neighborhood television, meaning that all production is based in broadcasting what happens in the minimum wage families that survive day to day. Even Televisa has cultural foundations, with museums in Mexico City that display great historical and cultural exhibitions. The administration never tries to educate the population audience.

Univision does nothing to contribute to help their audience learn and understand that they must learn the English Language, even the Federal Communication Commission obligates a mandatory "closed caption" or subtitle translation to English in every program; but THEY ARE MAGIC ONLY WHEN THEY BROADCAST MAJOR POLITICAL EVENT THEY AIR VOICE IN OFF TRANSLATION OR CLOSE CAPTION, but there is nothing that shows on Univision and Telemundo that contributes to teach English to Hispanics that try to become Americans. Latino working immigrants, in general, are the ones that experience learning how to speak and write in english for a long time. For Political and business preferences, they launched a huge campaign of Public service announcements to motivate legal residents become USA citizens, but Univision NEVER helped their audience learn and understand English language; they only do this campaign because the tendency is to raise the number of voters to manipulate them.

But in their commercials, Televisa and Telemundo promote products of the Televisa affiliated lab, Genoma Lab. That is another monopoly of fraudulent non-controlled over the counter medicines. Televisa sells with their affiliate, Genoma Labs, a lot of not controlled "medications." "Medications" such as a pills to lose weight, pills that fix problems on bone cartilage, vitamins and creams that are unregulated and very dangerous for consumers. 65% of advertisements on Univision and Telemundo is to promote alcoholic beverages without a warning or a disclaimer about legal drinking age limits and airing in early hours, breaking the FCC time frames to play these commercials.

In the 1980's Telemundo put a lawsuit in court against Spanish International Network (Univision) for monopoly; they settled out of court. Now Univision and Telemundo, both manipulated by Televisa and Fox, are the largest monopoly in America, are only pushing more people to become a fan of the Narcoculture, fans of drug dealers and criminals that intoxicates the American youth with heroin, cocaine, and a huge variety of very dangerous pills and synthetic drugs, and converting an underground economy laundering money in many business that are not supervised by authorities. The problem with the Spanish content TV in the USA is that television is managed by Cubans that call themselves Hispanics, but have never lived in Latin America and that is bringing a huge conflict between Anglos and Hispanics. NOT ALL MEXICANS ARE RAPIST, SMUGGLERS...ETC.

A book belongs to the readers mind.

When Donald Trump announced his decision to run for the US presidency, (by the time this book is sent to print, President Elect) I decided to take some time to visit and see close how most Mexicans work in restaurants, construction, factories, agriculture. After months of research I can conclude that it is a minimum part of people from Mexican nationality that dedicate their life to criminal activity.

Mr. Donald Trump was wrong when he labeled Mexicans using words that I don't like to repeat in my book.

Most Mexicans work being paid below the minimum wage, without benefits, or vacations, and only a few companies really provide these benefits to Hispanics. I can also determine that they employers and business owners are the ones who benefit the most because of the undocumented status of their workers. They can avoid paying fair salaries, overtime, benefits, insurance and legal fees. There are hundreds of examples.; In Latin stores common products are sold at a very expensive price, it seems Spanish services are often more overpriced (IN SOME STORES, NOT ALL). These are sophisticated ways to hide services to launder money. Some products are sold at big chain stores at a more affordable price, whereas in Latin stores they are extremely expensive.

Also, Mexicans are victims of themselves, some that understand some English made their own group of workers and become "contractors" (it

DONALD TRUMP ENDORSE THE CORRUPTION AND MURDER OF DRUG CARTELLS IN MEXICO.

is the best way for big construction companies to skip paying benefits, legal fees and they can exploit workers working sun-up to sun-down. Similar to the times of Spanish conquerors in Latin America or Slavism in United States. In fact, what I am trying to describe in this book is that nothing changes, it is just a modification of history, "Immigration the Slavism of the modern times".

But all this situation is articulated by a huge network of kingmakers, the ones that you can find are prominent politicians on both sides of the border, businessmen. It is unbelievable how many become rich with that cheap labor that has a high cost for the taxpayers, at the end of the timeline.

FOR THOSE THAT ARE AGAINST IMMIGRATION

Mexico and USA share one of the largest and crowded borders on the world; it is very important for commerce, tourism, and bad for drugs, smugglers, human trafficking, murder. Every day something happens at the border line like in no other place in the world. As a testimony of differences between two cultures that feel attracted to each other, Anglos love tequila, tacos and Latinas; meanwhile Mexicans, love blondes, hamburgers and rock and roll. If you visit a Mexican teenager in Mexico, it is popular that they listen to English music and have posters of Britney Spears, or Mariah Carey. Meanwhile Americans like

Meredith Fierman, a friend and coworker in Turner Broadcasting System, have pictures of Ezequiel Peña. A lot of Americans love Mexican food and alternate with music and dancing.

Both countries face conflicts of politics, but American people love to spend a weekend in Baja Mexico. Meanwhile, Mexicans from Monterrey love to go to South Father Island, in Texas, (Isla del Padre). There is a lot of reciprocity between the USA and Mexico, that is impossible to stop in 4 years of nasty government. There are generations of kids being raised with both cultures. Or immigrants like the author of this book, who has dual nationalities, United States and Mexican. On the day I was interviewed by Mony Basu, on July 7, 2002, months after Mexican government accepted the dual citizenship, because millions of them live in other countries.

ATLANTA JOURNAL CONSTITUTION

(LARGEST DAILY IN ATLANTA)

Citizens of two worlds (Dual Citizenship)

Atlanta Journal-Constitution ^ | 7/2/02 | Moni Basu

DUAL CITIZENS FIGHT DOUBTS OVER LOYALTY

Americans are expected to ride the wave of post-Sept. 11 patriotism when they mark the Fourth of July. But even as the commemoration crests Thursday, a little-noticed statistic is sparking debate over national identity and the obligations of citizenship.

DONALD TRUMP ENDORSE THE CORRUPTION AND MURDER OF DRUG CARTELLS IN MEXICO.

As many as 40 million Americans -- one in seven of the population -- could be dual citizens. They include those born in the United States as well as immigrants who have become naturalized.

"We do not know what the consequences of dual citizenship are. We have never been in this circumstance before," said Stanley Renshon, a scholar of political psychology who is writing a book, "The 50 Percent American: National Identity in the Global Age."

"Think about how hard it is to figure out a common purpose even when we are fully connected as a nation," Renshon said. "Now we have a situation where a vast number of citizens have shallow connections to the country and its identity."

Not so, said Jan Jaben-Eilon, the Israel experience coordinator for the Jewish Federation of Greater Atlanta, a U.S. citizen who took Israeli citizenship six years ago.

"I am not a person who feels 'My country right or wrong," Jaben-Eilon said. "You may not like your child's behavior all the time, but you're always going to love that child. America is the country who made me who I am, but that doesn't mean I don't have very deep feelings for Israel as well."

Even though they swear to "absolutely and entirely renounce and abjure all allegiance and fidelity" to any other nation, many naturalized citizens own property, vote, run for office and even serve in the military in a foreign land.

That doesn't make them any less American, said Francisco Duran, a programming coordinator at Turner Broadcasting who became a U.S. citizen in 1999.

"I feel proud to have both nationalities," he said. "Mexico is like my mother, the United States my father."

NOTHING TO RENOUNCE

That bothers some immigration scholars such as Renshon, who worry about the blurring of borders and national identities. But others say dual citizenship is a natural consequence of an increasingly interconnected world and can only enhance understanding between nations.

For Duran, U.S. citizenship offered him the chance to realize "the American dream" he longed to pursue after he, as an 8-year-old in Guanajuato, Mexico, watched Neil Armstrong land on the moon. But he doesn't live a day without remembering his roots.

"Asking me to choose between the two countries is like asking a child whose parents are divorcing to pick which parent he wants to live with," Duran said. "You want both."

DONALD TRUMP ENDORSE THE CORRUPTION AND MURDER OF DRUG CARTELLS IN MEXICO.

Decades ago, immigrants used to arrive on U.S. shores never expecting to see the homelands they left behind. Back then, dual citizens were suspect for their divided loyalties.

Today's newcomers stay in touch through the Internet, satellite TV and cheaper phone service. They return to their native cities and villages -- however remote -- through faster modes of transportation. Growing numbers of people are marrying someone from a different country.

THE OATH OF ALLEGIANCE

I hereby declare, on oath, that I absolutely and entirely renounce and abjure all allegiance and fidelity to any foreign prince, potentate, state, or sovereignty of whom or which I have heretofore been a subject or citizen; that I will support and defend the Constitution and laws of the United States of America against all enemies, foreign and domestic; that I will bear true faith and allegiance to the same; that I will bear arms on behalf of the United States when required by law; that I will perform noncombatant service in the Armed Forces of the United States when required by the law; that I will perform work of national importance under civilian direction when required by the law; and that I take this obligation freely without any mental reservation or purpose of evasion; so help me God.

A book belongs to the readers mind.

The State Department doesn't track the number of dual citizens because as far as it is concerned, a person who takes the oath of citizenship is first and foremost an American. The government also has no concrete way of knowing whether a naturalized U.S. citizen has renounced or retained a previous citizenship.

But what is known is that 90 percent of immigrants to the United States come from one of 92 countries that allow some form of dual citizenship or nationality. And as economic ties between nations continue to strengthen, so is the inclination toward allowing dual citizenship.

"It has to do with the global world we are living in," said immigration attorney Mark Newman. "To make you renounce your citizenship is like making you swallow such a strong pill that people wouldn't do it."

MORE NATIONS EASING LAW

Australia changed its laws in April to allow its citizens to remain so even if they wish to become a citizen of another country. Mexicans, the largest group of immigrants in the United States, can keep their Mexican citizen status after a 1998 revision of its laws.

The United States, too, has over the years softened its stance on dual citizenship. The State Department allows Americans to acquire citizenship of another nation except in extreme cases, such as serving in the military of a country at war with the United States.

DONALD TRUMP ENDORSE THE CORRUPTION AND MURDER OF DRUG CARTELLS IN MEXICO.

Duran said he felt more comfortable taking the U.S. citizenship oath knowing that he would be able to retain the rights and privileges afforded to Mexicans. So, did Alpharetta real estate agent Maria Cortes-Blesse of Colombia, which started allowing dual citizenship in 1991. She has been here for 30 years but waited until Colombian law changed to apply for naturalization.

"I felt that by giving up my citizenship, I was betraying the place [where] I was born," she said. "It was very hard for me to say, 'I want to become an American,' if it meant giving up my Colombian citizenship."

Two other countries that send large groups of immigrants to America -- the Philippines and India -- are weighing the pros and cons of dual citizenship. The economic advantages of U.S. citizens owning property and investing in their former homelands are too large for nations not to try to hold on to their population.

Dual citizens say they became Americans, first and foremost, out of love and allegiance to the United States. But they acknowledge the advantages to having one foot here and the other in their previous home.

Permanent residents must pay a 50 percent estate tax. They cannot vote or run for office. They are not eligible for certain scholarships.

A book belongs to the readers mind.

"Australians didn't want to lose their citizenship or Australian identity, but they were feeling disadvantaged in the American system," said Mary-Jane Jones, an immigration official in the Australian Embassy in Washington. "Now they no longer have that problem."

IT'S ALL ABOUT VALUES'

For others, citizenship opens the door for family reunifications. Du Dang of Vietnam said he is taking citizenship classes in Chamblee so that one day he can sponsor his wife, whom he hasn't seen in six years. Still others want citizenship just to acquire a U.S. passport, which allows them ease of travel.

"It seemed a little silly for us to hold on," said Pam Sellman, a British businesswoman who acquired American citizenship in 2000. "Probably at the end of it all, we would have given up our British citizenship. But since Britain allows it, we never had to think about it."

A "practical citizenship," however, bothers those who take the oath of allegiance very seriously.

"It was quite emotional for me. Have you read the pledge recently?" said Rana Hajjeh, a medical epidemiologist at the Centers for Disease Control and Prevention and a citizen of both her native Lebanon and the United States. "It's not just about having another passport -- it's all about values. And the values that U.S. citizenship embodies are great and things I believe in completely."

DONALD TRUMP ENDORSE THE CORRUPTION AND MURDER OF DRUG CARTELLS IN MEXICO.

But Renshon, the political psychologist, argues that the first few lines of the oath of citizenship demand an act that is virtually impossible of people born and raised in another country.

"If you spend 25 years in another country, it's ludicrous to expect that with a snap of a finger, everything you have experienced in those 25 years will go away," he said. "In effect, we are asking people to begin their citizenship with an untruth."

Georgia State University professor Kaveh Kamooneh agreed. A native of Iran, he became a U.S. citizen in 1978.

"I identify myself as Iranian," he said. "It was a hard thing to say the Pledge of Allegiance. You are made to say things that you might not necessarily believe in. I wonder about the genuineness of people who only see red, white and blue."

In the post-Sept. 11 climate, greater attention is being paid to concerns raised by dual citizenship. One debate could be over whether the United States needs to maintain greater control of its citizenship process.

Raoul Donato, the honorary consul general of the Philippines in Atlanta, said dual citizenship is possible only if a government clarifies what is expected of an individual.

A book belongs to the readers mind.

"When you raise the flag and say the pledge, you don't belong to any other country," he said, "but there are certain countries where you don't have to take such a pledge."

Renshon said the government should be easing the integration process by sponsoring English classes or cultural classes that teach newcomers how to obtain insurance or credit or driver's licenses.

At the same time, he said, dual citizens ought not to be able to vote or run for office in another country. Or, without exception, serve in a foreign army. He would not allow American Jews, for instance, to fight for Israel.

"Taking the oath of citizenship is like taking an oath to support apple pie," Renshon said. "It's an oath without consequence. There is no administrative, legislative or legal follow-through to taking it."

Complaints About AJC Spread to Spanish-Language Paper 4-15-2010

STORY AIRED ON CBS ATLANTA

By Lesley Tanner, CBS Atlanta Reporter

ALPHARETTA, Ga. A Fulton County man says the Atlanta Journal-Constitution is littering his front yard with indecent material.

For weeks, CBS Atlanta has been investigating complaints about the Atlanta Journal-Constitution's Reach circular and the litter it creates.

Francisco Duran Rosillo said the issue is more than litter; it's about ethics. He throws his copy of Mundo Hispanico away each week to keep his teenage son from reading the ads in the back.

"I honestly feel ashamed to translate this for you," said Duran.

Duran said he was embarrassed to translate the Spanish-language ads for local massage parlors in the back of Mundo Hispanico. The weekly paper is delivered for free to Hispanic families in 19 metro Atlanta counties.

"I put it in the trash can and advise my family that this paper is not to be in my house," said Duran.

The ads don't specifically mention sex, but instead they offer sensual massages from young, beautiful women. Duran said their message is clear.

A book belongs to the readers mind.

"Even though they don't mention sex, this is an invitation," said Duran. CBS Atlanta went to ask other people if they saw a message behind the offers for a massage.

"Maybe an escort type service," said David Burke.

Burke said he barely speaks any Spanish, but even with a limited knowledge of the language, he had no trouble figuring out what the ads were for.

"There's always a fine line between prostitution and a legit business," said Burke.

Roswell mom Carol Williams said she wouldn't want to open her paper and see similar ads.

"They look like ads you'd probably see in an adult magazine," said Williams.

That's why Duran said he has a tough question for Mundo Hispanico's publishers, the AJC.

"I don't understand how a huge company can have executives without morals, without values," said Duran.

Officials with the AJC and Mundo Hispanico said in a statement that the paper complies with advertising laws and reflects standard advertising practices at newspapers nationwide.

CHINESE MOB GROWING IN AMERICA

DONALD TRUMP ENDORSE THE CORRUPTION AND MURDER OF DRUG CARTELLS IN MEXICO.

THE UNITED STATES OF AMERICA Is dominated by the largest mafia: the Chinese, they control many of legal and more of illegal business, like massage places; opium illegal drugs that are killing hundreds of young Americans every year. The cargo business is also dominated by Chinese they export goods to continental United States, but simultaneously they hide on the containers humans that come to work illegally. Now the Chinese mob expanded to Michoacán Mexico, where they control mafias with guns and ammunition, create labs hidden in "Tierra Caliente" (Hot Land), to smuggle processed drugs into the USA.

The second mob is the Russian mob, they control hackers; complex intelligence operations; human trafficking (babies for illegal adoptions, and young people for sexual exploitation).

The last mob in power is the Mexican, and they distribute the drugs, as per request of groups of Anglos and blacks that control neighborhoods and sectors of the United States of America.

MEXICAN LABOR IS THE FAVORITE

Mexican labor is the favorite of construction, landscape, restaurants and industry in the United States, not only for the cheap cost, also because of their undocumented condition. This allows employers to manipulate the situation to skip lawsuits and pay fines.

Hugo Rolando Briseño, whom for more of 40 years worked as the Immigration Citizenship and Customs, ended his career teaching at the Immigration and Law Enforcement Training Center in the coast of Brunswick, Georgia. He said: "the immigration is a big business for companies, it is something that will never end, the revenue is better than any other business. The companies that lauder money from drug traffickers prefer undocumented labor, to avoid legal problems."

"Look Francisco (said on an interview for this book) those "mojados son mas listos que uno, (these wetbacks are smarter than us)," argued the former ICE agent. They work one job, under one name in the morning; and in the afternoon, they work another job under a different name, why? Because that way they pay less taxes and they make it difficult for authorities to trace or find them".

SPANISH PART.

Los que conocen mi Carrera saben que lo importante de escribir una historia consiste en estar seguro de los hechos. En una ocasión me uniforme de Policía de Tránsito, (con permiso de las autoridades y mis jefes en el periódico) para poder escribir al respecto. Solo así pudimos convencer a la sociedad regiomontana de que la culpa era de los "juniors" e influyentes que querían sobornar a la autoridad, no del todo de los uniformados. Bueno para este libro trabaje hombro con hombro

DONALD TRUMP ENDORSE THE CORRUPTION AND MURDER OF DRUG CARTELLS IN MEXICO.

con mis paisanos mexicanos, unos meses en construcción, casi un año en una fábrica de comida, otros meses de chofer, otros meses en construcción. Jornadas de lo más agotador mal pagado; aparte los jefes chicanos (que no son ni americanos ni mexicanos) son muy injustos, se pasaban las leyes y procedimientos por su ignorancia de ambos idiomas o por hacer sentir que tenían el poder. Ahora entiendo el por

qué nadie quiere trabajar para empresas de Mexicoamericanos o chicanos, pues son una minoría los que respetan los derechos y respetan a sus empleados debidamente. Así como hay malos empleadores los hay unos pocos y contados muy buenos.

Esta experiencia la viví en carne propia de quien menos me lo esperaba, posteriormente gente muy seria que conoce y respeta las leyes ha trabajado décadas en la diplomacia, me dijo "Francisco a veces los mismos paisanos son de lo peor y esos chicanos tienen mucha cola que les pisen".

Los Chicanos juegan y abusan con las necesidades del immigrante. Cuando el inmigrante mexicano cae en las garras de los inescrupulosos chicanos se convierten en victimas del abuso.

Si les quedan a deber dinero no les pagan argumentando que usan nombre falso, nadie puede cobrar su cheque si tienen un problema y son detenidos, no permiten que ni familiares ni amigos lo recojan con una carta poder, ni lo mandan a la oficina correspondiente del estado que obtienen salarios devengados.

El sueldo nunca es equitativo a lo pesado del trabajo, lo cierto es que los mexicanos trabajan más duro que un esclavo, al paso del tiempo muchos deciden ya no trabajar para mexicanos, aunque los exploten prefieren trabajar para anglosajones, pero no les exigen tanto.

Para colmo de males al no poder tener beneficios por ser indocumentados caen en las garras de médicos y curanderos inescrupulosos que les abusan, tanto como los abogados y notarios.

"Un pueblo sin educación es como un diamante sin pulir; la educación manipulada por las televisoras con novelas cargadas de intriga y odio; noticias oficialistas y fut bol, ultrajan la democracia, traicionando los valores de los héroes que nos dieron libertad. Desde el movimiento del 68, México está preso asediado por la represión; corrupción; asesinato, que intimidan a las futuras generaciones. Pareciera que Televisa y TV

Azteca ponen una ortopedia a la libertad de expresión limitando los límites del conocimiento de la verdad.

La magia de la televisión, no nos lleva en vivo a los eventos, por el contrario, esconde la realidad y edita las tomas de video y audio antes de entrar al aire. En los años 80s, recuerdo que el reportero de deportes de El Norte, José Luis Esquivel, llego bastante agitado a la redacción tras la cobertura de un partido de soccer, pues había captado con su cámara un accidente en el que varias porristas de Coca Cola resultaron con quemaduras leves, curiosamente este accidente no se vio en las transmisiones en vivo del canal de las estrellas.

Las fotos con entrevistas si se publicaron en El Norte de Monterrey, desde entonces, creció una pugna entre Editora El Sol-Grupo Reforma, y Televisa, que se hizo más intensa cuando Ramón Alberto Garza, contrato a Gregorio Armando Meráz y Juan José Prado para ser corresponsales en el buro de la ciudad de México.

Gregorio Meraz le comentaba a Ramón Alberto Garza, en detalle quienes eran cocainómanos en la televisora y quien controlaba a quien con sobornos millonarios en los noticiarios. Cuando Rafael Caro Quintero fue detenido en 1985 por el asesinato del agente de la DEA Enrique Camarena, fueron Juan José Prado y Gregorio Armando Meráz quienes recibieron los 500 mil pesos de manos de los apoderados del narcotraficante para que los donaran a los damnificados del terremoto del 19 de septiembre de ese año, pidiéndoles que si publicaban la historia de la donación les darían mil pesos a cada uno.

Aunque Ramón Alberto Garza, director editorial de diario se enteró, no quiso despedir a los corresponsales, "porque tienen muchos contactos a nivel federal y nos pueden cerrar el periódico". Curiosamente años después, Ramón Alberto Garza fue contratado como Director de Editorial Televisa.

Mas tarde en su "Reporte Indigo" Ramon Alberto Garza mandaba a "Santiago" un mensajero especial a recoger los cheques a los gobiernos de Tamaulipas y Veracruz que supuestamente cubrían una supuesta publicidad de turismo en la revista digital, Reporte Indigo, pero eran sobornos disfrazados. Todos quedaron defraudados del "versátil periodista" que para ahorrar dinero registro en el Instituto Mexicano del Seguro Social a sus empleados con salario mínimo; Alba Leal le comento al fotógrafo Armando Arrambide que estaba furiosa, porque eso le afectaba en su fondo de retiro.

El periodismo mexicano sobrevive continuamente en terapia intensiva para enfrentar no solo a medios mexicanos sino a la gran influencia de los medios extranjeros, como grupo Prisa, la BBC de Londres y varios más que cada vez son más influyentes en el territorio azteca.

Ya nadie cree en los medios y no tienen aceptación comercial por manipular la verdad, y con las constantes amenazas de funcionarios por manipularlos matando periodistas. Curiosamente el principal consumidor de propaganda es el gobierno a todos los niveles, y esta se factura al triple, pues simplemente con dejar de comprar publicidad el gobierno "se quita de encima" a cualquier medio masivo.

El futuro del periodismo mexicano lo tiene el pueblo en las redes sociales, y es ahí donde no han encontrado manera de controlarlo el aparato gubernamental, pero desde que las redes sociales se abrieron a la venta de propaganda, hay escepticismo de parte de la gente de que empiece a verse coartada en sus mensajes.

"NO HAY FORMULA PARA SER BUEN ESCRITOR", CARLOS FUENTES

"Francisco, no hay fórmula para hacerse escritor: vive intensamente, conoce la humildad de los pobres y cuando la sepas contrastar con la soberbia ciega de los ricos y poderosos, podrás escribir lo que quieras" Carlos Fuentes escritor mexicano, editorialista de El Universal, Reforma y Conferencista principal de CNN World Report.

Pareciera que hay fuerzas extrañas que influyen nuestro futuro, pero todo se debe a la "homofobia" desmedida fuera de todo contexto, en ocasiones gente muy profesional y calificada, no llega a lograr sus metas tan solo por sus raíces indígenas o por venir de un estrato humilde, pero lo peor, es que ahora esta afectando a jóvenes y familias enteras.

Pareciera que hasta para ello hay frases populares que tratan de justificar ésta que ya es una enfermedad incurable de los tiempos modernos que versan.

Por instrucciones de Debra Daugherty, Directora de CNN World Report, me toco atender a "un invitado muy especial", si esa fue la asignación cuando ella personalmente me llamo a mi oficina en TNT Latin America, ubicada en el campus Techwood.

"Francisco te vienes al CNN Center a las 2 de la tarde, de ahí vamos al Botanical Garden, luego de la cena lo acompañas a su vehículo y que el chofer lo lleve de compras, o a conocer la ciudad y luego a su hotel en el Omni, Erin es el guardia de seguridad asignado a Ustedes, estuvo en el Servicio Secreto de los Estados Unidos, y estará en un vehículo siguiéndolos con un equipo de guarda espaldas".

Saque mis gafetes, Erin ya me conocía por ser empleado de Turner Broadcasting Internacional, seguimos el protocolo, pero el Maestro Carlos Fuentes me comentaba que su motivación para ser escritor la vivió al estar en su nativo Panamá, sin embargo, es mexicano por sus padres, y pudo contrastar ese cuadro amargo entre ricos y pobres, "me tocó vivir diversidad de experiencias que me fueron motivando a escribir, pero todo lo hacía en cuadernos de notas Francisco".

DONALD TRUMP ENDORSE THE CORRUPTION AND MURDER OF DRUG CARTELLS IN MEXICO.

Luego del brindis y la cena, a la esposa de Carlos Fuentes le encanto la exhibición de orquídeas del Jardín Botánico de Atlanta, por tanto, el prominente escritor me pidió que lo acompañara y platicáramos dando una caminata entre los jardines.

Debo reconocer que Carlos Fuentes se portó medio forzado el principio conmigo pues me vio joven, y Abel Dimand lo quería llevar a un brindis con periodistas de Atlanta, pero desistió de la idea porque no era un evento oficial de CNN World Report. Pero lo que influyo en su determinacion de quedarse en el jardín botánico fue que varios corresponsales de CNN, principalmente de Europa, países bajos, y otras naciones llevaban los libros del autor para que se los firmara. Predominaba el título: "Todos los Gatos son Pardos" pero entre tanta actividad de preparar su discurso para el día siguiente con Ted Turner, el Presidente Clinton, y varias personalidades, aparte de todo el personal de CNN, el cual debería ser en Ingles, mandar su columna a EL UNIVERSAL, no recordaba el título en ingles de la obra, lo traduje e hice una breve reseña en el que narra cómo los españoles llegaron a conquistar a los Aztecas. Luego recordó el tema y el mismo Carlos Fuentes retomo la reseña en perfecto inglés, y concluimos la platica como lo que todos éramos: verdaderos periodistas: con un buen brindis.

A book belongs to the readers mind.

A esas alturas anunciaron la salida de la camioneta de los corresponsales asistentes, quedado solo los invitados y como que todo eso abrió la plática formal, a una charla de amigos: Francisco, me recuerdas mi juventud, ¿eres periodista porque te gusta? A lo que conteste así es, iba a ser médico; mi madre quería que fuese sacerdote… A lo que el escritor siempre ha estado en mis sueños…

"Bueno, irrumpe Carlos Fuentes" me has sorprendido, escribiste en los diarios García Valseca a los 17 años, y ocupabas noticias de portada, luego te fuiste con los "guerreros de Abelardo Leal" en El Norte", que bueno, yo empecé a los 17 haciendo cuentos, pero descubrí algo, que mis lectores lo han hecho mi frase más celebre: "Escribir es una lucha contra el silencio". "Yo no podía ponerme a discutir con nadie, no me gustan los debates y menos si son acalorados… me gustaba escribirle una carta a quien necesitara aclararle algo, algunas cartas están hasta publicadas en internet. Pero me gusta hacerlas tan concisas que no me debatian respuesta alguna".

Como cuando nos pasa cuando hablamos con un intelectual que sabe más que nosotros, las preguntas quedan cortas y absurdas ante la riqueza de lenguaje del gran escritor. Finalmente le dije que mi aspiración era ser escritor, como él, quizás no tan famoso, pero me gusta escribir… "excelente Francisco, tienes la madera, pues ya has escrito en diarios por décadas, eres de mi escuela, esa en la que los editores, no perdonaban una falta de ortografía, y si el relato de la historia no era lo suficientemente claro, te hacían comer el papel… a lo que respondí, no fue para tanto maestro, pero con Don Abelardo Leal, aprendí su frase más celebre: "vamos a vender noticias no papel"; "a mí no me venga a decir lo que no pudo hacer"; "trae la historia, escríbalo no lo cuente".

Como hijo de diplomático, una de las actividades que a diario haces de manera asidua es leer, principalmente los diarios más importantes de México, entre ellos le mandaban de "La Torre de Papel" - (un dispendio de publicaciones en la ciudad de México que recibia a diario todos los periódicos de la provincia) - los diarios llegaban con un día de atraso, pero diario sin fallar, excepto el domingo. Entonces yo leía junto con mi padre, quien quería que me esforzara que mi español fuese claro y con buena gramática, explica el autor de "La Muerte de Artemio Cruz".

"Nadie te va a decir que tienes vocacion de escritor, ni nadie te va a ayudar, "en México los escritores apestan, porque decimos la verdad", nadie se va a sentar a leer mentiras, entonces lo único que te puedo sugerir, es ya eres periodista de profesión; vive intensamente; conoce la realidad de todo, y los temas te irán enmarcando en tu imaginación lo que es publicable en un libro. Yo compilo las notas en mis cuadernos y luego me siento con mi asistente y le determino la estructura y nadie

A book belongs to the readers mind.

me dice cómo o cuanto, quítale aquí... porque dejaría de ser una obra original y auténtica. Le confesé que luego de leer El Quijote; la Ilíada y la Odisea, la Celestina etc... lo leí en la clase de literatura latinoamericana de Luis Martin, el actor de teatro de allá en Monterrey, si exactamente, demasiado exigente con los análisis literarios, a lo que Carlos Fuentes se carcajeo porque con unos amigos atendió una de sus obras de teatro en Monterrey.

Fuentes me hizo mucho hincapié en que el buen escribir, no está en la riqueza y buen uso del lenguaje, "está en vivir el acontecimiento y saber relatarlo, captar la esencia, cuantas veces escuchas a alguien hablar de algo y le crees, luego oyes otra versión y al no saber describir el lugar de los hechos, te percatas de que te están mintiendo", puntualiza.

El escritor me dice, en mi discurso no pensaba mencionar el periódico Reforma porque es nuevo, pero lo voy a hacer porque me recordaste a Don Abelardo Leal, sus dueños los hermanos Junco son unos juniors que nunca han vivido los sacrificios de sus periodistas, de pasar noches sin dormir, o días sin comer para esperar la noticia, eso es lo que te hará mejor escritor, ¿dime que propietario de periódico que venga de una familia acomodada ha publicado un best seller? Nadie, pero sus periodistas que se malpasaron y conocen la calle, si lo logran.

Luego pide una copa de vino al mesonero que se mantenía al pendiente, me ofrece una, mientras traen el Merlot con mucha cepa, Carlos Fuentes se remueve el gazné, pues afirma que la noche esta de periodistas, refiriéndose a tener una gran charla. Como si tuviera un presagio bien claro de la nueva generación de milenials en México, me aseguro de que "el PRI está condenado a desaparecer, junto con sus dinosaurios, me dio detalles como las embajadas de Mexico son cajones para esconder a políticos, unos muy mierdas como Mario Moya Palencia, Porfirio Muñoz Ledo, u otros que son verdaderos lideres para apagarlos".

"En México se perdona todo, menos el éxito".

Me relato la historia de cómo se formó Panamá, cuyo territorio era parte de Colombia, pero la necedad de los norteamericanos de abrir el canal, no lo pudieron de otra manera más que formando otro país, cuyo nombre significa: PAsoNAcionalMArítimo, pues los nativos no tenían ni idea de que ya no eran parte de Colombia, solo se les explico que habría muchos empleos.

Carlos Fuentes mostraba la elegancia de su buen hablar con sus modales, finos al catar la cepa del vino cuando le trajeron su copa, la elegancia de su traje quedaba aislada por el toque fino para oler el bouquet el que tiene un protocolo diferente para cada tipo de bebida.

La despedida no fue tan breve, luego de la buena charla, el autor me pregunto los nombres de las buenas plazas para obtener ropa para él y su esposa, al estar cerca del Jardín Botánico le recomendé la plaza

Lenox, y de inmediato pedí al chofer con el guardia que los acompañaran. Yo me despedí, y le pedí al gobernador Zell Miller si me permitía acercarme a la plática que sostenía con el periodista Terry Anderson, quien siendo corresponsal de Associated Press estuvo cautivo por los terroristas de Shiitas de Hezbollah. De hecho, el gobernador de Georgia, Zell Miller.

Me presente con Terry Anderson quien al ver que portaba gafete de los organizadores y credencial de la empresa, me acepto en su plática en la que se quedaron dos corresponsales y sus guardias personales.

Terry Anderson explicaba que el crecimiento de la red terrorista internacional estaba fuera de control y que los Estados Unidos son el objetivo principal.

LOS MEXICANOS NOS HUMILLAMOS CON NUESTRAS FRASES; NADIE DE OTRAS NACIONALIDADES LAS USA:

"Fregado pero Contento".

"México, madre del Extranjero y Madrastra de los mexicanos".

"Trabajar, ni cuando era pobre, mejor me meto a la política"

"Muchos pobres para que haya pocos ricos".

Existen quizás miles de estas frases, pero hay que hacerlas a un lado, ignorarlas, y ver que parte de lograr cumplidas tus metas está en conocer el fracaso, saborear la derrota y seguir con tenacidad usándolo como experiencia para no repetir el error.

Los mexicanos conocemos muy bien esa parte de la vida porque nos hemos levantado de tales caídas sin perder el ahínco, hemos sabido enfrentar las emboscadas de mentiras que quieren llevarnos al fracaso, el correo negro de otros para desprestigiar el trabajo, las buenas acciones y la personalidad de otros. De todos nuestros problemas culpamos al presidente sin percatarnos que el error está en nosotros mismos; en preocuparnos mas por el partido de soccer en la TV, que en nuestros hijos.

En los Estados Unidos hay millones de mexicanos que han logrado vencer esas barreras, que han salido de su país contra su propia voluntad de dejar a sus familias, por encontrar un mejor futuro. Tarea que no es fácil, menos ahora que uno de los candidatos a la presidencia de Estados Unidos esta usando con "homophobia" el tema de la inmigración para crear una barrera de rechazo contra el inmigrante.

Cuando visito las tiendas Latinas para comprar chiles y condimentos de nuestra comida tradicional mexicana, ha captado mi atención que cerca de la caja hay más y más botes con mensajes pidiendo dinero para ayudar a la gente, en su mayoría mexicanos latinos, víctimas de las

A book belongs to the readers mind.

consecuencias de la desmedida racista "homophobia", traducida en "bullying", odio, o como le quiera llamar.

El racismo y la discriminación siempre ha existido, en ambos lados de la frontera, pero actualmente está afectando al futuro de ambas naciones, los niños de todas las ascendencias de Latinoamérica; triste pero cierto. En este artículo menciono dos casos para ejemplificar tal epidemia que a diario cobra víctimas en la Unión Americana pero que también ha afectado a México y otros países.

Nosotros como padres debemos ser los primeros en educar a nuestros hijos en saber sobreponerse al "bullying", discriminación racial e insultos homofóbicos.

El triste caso de Eli Flores, un chico ejemplar de 14 años que empezaba a vivir, con muy buenas calificaciones y miembro de varios clubs, aparentemente se quita la vida arrojándose a las vías de un tren de carga, asediado por el odio racial.

En esa misma semana una familia a quienes les cortaron el servicio eléctrico por múltiples razones, y nadie les ayudo a reconectar su cuenta, pusieron un generador de corriente dentro de la casa, para operar ventiladores y aparatos, y el monóxido de carbono los intoxico perdiendo varios de ellos la vida, mientras que la madre está muy grave en un hospital.

La mayoría de las tragedias que se conocen son solo las de las grandes ciudades, donde hay mayor cobertura de medios de comunicación, pero las de las comunidades pequeñas, quedan como sus vidas: y su estado migratorio: en el anonimato.

MEXICO COLORIDO Y MAS COSMOPOLITA

Es difícil describir a la colorida sociedad mexicana en blanco y negro, pero es lo más fácil para resaltar las grandes diferencias de su diversidad no solo económica y política, sino intelectual, y de parásitos como Andrés Manuel López Obrador, que vive rico de hacer política y manipular mentes ignorantes; de los círculos de poder de toda aquella fuerza sin autoría en presencia material pero que con "mano negra" destruye al intelectual que no tiene dinero ni padrinos, y eleva al inepto que sin escrúpulos se deja manejar como un títere.

Los mexicanos tenemos mucha culpa, mas que las autoridades represoras, nos sentamos con los hijos a ver el partido de la selección mexicana y entre cerveza y cerveza, sacamos toda la frustración, ojalá y eso cambie en sentarnos con los hijos a hacer la tarea, a explicarles que la diversión y entretenimiento es para ciertas horas del día, y no tener encendido el monitor a toda hora escuchando las idioteces

México vive secuestrado por la mafia del poder cuyos políticos indebidamente manipulan y violan el estado de derecho a grado tal que han hecho al pueblo renuente a defender el derecho más importante de todos: la democracia.

La impotencia de luchar contra un monstruo oscuro y tenebroso como el sistema político mexicano ha doblegado al pueblo, intimidado por asesinos a sueldo, por auditorias, por secuestros, por asaltos, en todos los ilícitos esta la mano negra de los funcionarios, (algunos panistas otros cuantos priistas), corruptos que usurpan el poder sobreponiéndose al Estado de Derecho Mexicano.

Un político que se roba una elección es un delincuente, de acuerdo con la multi-reformada ley electoral, pero los que más roban son los que más tiempo están en el poder, precisamente para mantener cierta inmunidad que la autoridad les da y de esta manera no les cuestionen su enriquecimiento inexplicable.

México sostiene un alto índice de problemas derivados de la corrupción del mundo patrocinado y protegido por empresas globales, que se fortalecen de ello y que no les conviene una rebelión social porque sería este el punto de deterioro más grande al que se pudiese enfrentar los Estados Unidos. Al vecino del norte le conviene tener un vecino reprimido, apapacharlo de vez en cuando con créditos comprometidos, darle oportunidad a su gente de trabajar en su territorio, y de una manera manipuladora, manejar al vecino al que puede explotar a su antojo, que lidiar con un vecino que potencialmente puede fortalecerse en cualquier momento y convertirse en su enemigo.

Esa política la ejerce Estados Unidos para decirle al resto de Latinoamérica que ellos son los líderes del continente, pues así mandaron buques de guerra a las costas de Colombia, y crearon Panamá; manejaron el petróleo venezolano por décadas y México es el vivo testimonio de hacer que el mundo vea como tiene el control, acto que como analista No lo condeno, pues podríamos estar peor, manipulados por fuerzas rusas o de países islámicos y que lamentablemente ya lo están haciendo sublimemente en Venezuela y Cuba.. Muchos podrán tildarme de exceder los términos, pero mientras Estados Unidos reclina el control en el gobierno corrupto de México, ya Israel busca un lugar en el territorio azteca de una manera muy discreta y de beneficio comercial, mientras que por el lado religioso otros países y a se meten con tentáculos de influencia de sus sectas que aparentemente no significan nada, pero que detrás de ello está la maquinaria bélica de los rusos, iraníes y turcos.

La posición geográfica privilegiada de México y su textura cosmopolita, no solo para facilitarle su residencia a otras nacionalidades, sino a otras etnias del mundo indígena, por obsoletas que parezcan, le dan al territorio azteca una supremacía cultural e intelectual ante el mundo.

México es y será México una nación independiente, (aunque traten de borrarle la importante historia en los libros de texto gratuitos), (Francisco Martin Moreno México Traicionado) y nunca pasara a ser el estado 51 de la unión americana, como muchos lo dicen. Estamos influenciados parcialmente, pero cuando se trata de mantener el nacionalismo, hacemos valer las estrofas del himno nacional.

Estamos en la era en la que las alianzas socialistas de Latinoamérica han fracasado por el rotundo fracaso en Venezuela, ya sucedió en Argentina, y la debacle económica de la nación bolivariana nadie la quiere ver, que por cierto ahora que no hay insumos ni comida, ¿dónde están los rusos, los iraníes y los cubanos que patrocinaron el ALBA o la alianza bolivariana?; desaparecieron al igual que los alimentos de los anaqueles.

México es socialmente más maduro, y no se va a dejar llevar por las desgastadas frases de "El Peje" Andrés Manuel López Obrador, que ha vivido desde que dejo la regencia del Distrito Federal, como un rico que no justifica su ingreso.

López Obrador es lo que llamamos hace muchos años: "partidos satélites" que se desgastaron por la polémica y ahora prefieren sostener un zángano como López Obrador, a quien es más fácil controlar, clásica regla del PRI-Gobierno, a todo líder que se levanta, lo calman con dinero, le dan alguna diputación o posición partidista, y ahí lo mantienen haciendo "ruido" cuando se lo piden para distraer la atención de los escándalos.

Esa es la maquinaria política de México que ha sabido controlar la "industria del rumor" aplastar sublevaciones

MEXICO ES MAS PODEROSO QUE TRUMP
EL PRESIDENTE NECESITA EL VOTO HISPANO

Por sencillos que Usted vea a mis compatriotas en los Estados Unidos, No los Subestime, pues juntos somos una fuerza inmensa de trabajo y productividad en este país y en México representamos el segundo ingreso después del petróleo. El hecho de no hablar inglés no es una desventaja, es el haber hecho que las grandes cadenas como NBC y ABC hagan alianzas para formar parte de Telemundo y Univision respectivamente.

A los mexicanos nos pueden caracterizar con personajes como ya lo ha hecho Hollywood, con Speedy González; poniéndonos en la pantalla del cine como lo han hecho con varios artistas que se prestan a deteriorar más nuestra imagen, pero de que se pare un candidato a presidente a usarnos de carnada para gozar de la simpatía anglosajona

Lo que le duele al candidato republicano con los mexicanos no significa que venimos a Estados Unidos a trabajar, sino que trajimos a México a territorio estadounidense, que en algunas partes hace más de dos siglos, (antes del tratado de San Idelfonso y varios más en los que el país azteca perdió una gran parte del norte) esto era territorio mexicano. El miedo de Trump como el de muchos es que la historia cobre los posibles abusos o trampas de los tratados, como les quiera llamar y la sangre latina predomine en territorio anglosajón, y consecuentemente esa sangre latina es una derivación de las tribus indígenas que tanto atacaron los cowboys al formar este país.

Donald Trump es un rico por herencia y aunque sepa administrar, no entiende a la fuerza de trabajo inmigrante del todo, pero si se ha servido de ella para obtener mayores ganancias en sus construcciones. Mucho se habla en cuanto a que pudiese ganar la elección: Donald Trump y el hecho de que sea el candidato que ha eliminado en elecciones primarias a más políticos prominentes como nadie en la historia de los Estados Unidos, le da una autoridad moral que unida a sus discursos ofensivos y violentos, pero no significa que sea poderoso, solo representa lo que la mayoría de la gente de raza blanca, piensa de la inmigración, pero no se atreve a decir.

Olvídense del Muro fronterizo, si se hace o no, seguirá habiendo inmigración, túneles y drogas. El temor de las autoridades mexicanas es que, al retiro de subsidios del gobierno norteamericano a México, así como créditos y decenas de programas de ayuda, pero para que todo

DONALD TRUMP ENDORSE THE CORRUPTION AND MURDER OF DRUG CARTELLS IN MEXICO.

esto suceda no depende de la boca de Trump, hay acuerdos con normativas legales que regulan todos los paquetes de ayuda.

México es el segundo socio comercial de los Estados Unidos y existen muchos intereses de por medio comerciales y sociales así que no sería de la noche a la mañana que el magnate en bienes y raíces pudiera cambiar todo en un abrir y cerrar de ojos, le tomaría años y tendría que legislar demasiado en las cúpulas de ambas naciones para que pudiese lograr sus objetivos.

Pero, aunque el magnate esta aferrado en llegar a la Casa Blanca y falta mucho para que se logre por medio de la elección de delegados, súper delegados y el voto general, no la tiene fácil con la Hilary Clinton quien también esta aferrada en ser la primera mujer presidente de los Estados Unidos no va a permitir ni aceptar su derrota, por tanto, la maquinaria Clinton se ve y se siente en las derrotas de Bernie Sanders. Al estar en contra de los mexicanos y otras nacionalidades y religiones, Donald Trump no solo rompe un esquema de libertades civiles y principios constitucionales bajo los cuales fueron fundados los Estados Unidos, también deteriora acuerdos comerciales y negocios millonarios, en las transacciones de remesas, las telefónicas, y mucho comercio se arruinaría dejando incluso a millones de anglosajones desempleados.

O sea que por mucha ventaja que lleve entre los republicanos, Donald Trump, los tiene divididos y no la tiene fácil, son más los factores en contra que a favor para que pudiese ganar la elección general, y todavía no se descarta una jugada de último minuto del partido republicano que pudiese sacar una carta de la manga.

Trump tiene planteado un programa de saneamiento económico deteniendo la inmigración ilegal, pero ignora que esa gente representa mano de obra barata que permite aminorar costos y acelerar proyectos de construcción.

En Gainesville, Georgia, la industria del procesamiento de carne de pollo es el más grande de todo el país, y a nivel mundial, tales empacadoras como la Tyson, y muchas más reconocen que no podrían competir con los costos de no ser por la eficiente y barata mano de obra mexicana que empacan mil cien toneladas de pollo por semana. Si le sumamos los campos de cultivos de cebolla en Vidalia, Georgia que abastece de cebolla toda la Unión Americana, Canadá y parte de Europa; maíz hibrido para obtener etanol y son ya muchas las ramas de la agricultura, construcción e industria en general que requieren de la mano de obra mexicana y latina para poder mantenerse como negocio. Ahora si el empresario quiere traer más empleos a los Estados Unidos, (el famoso outsource) podría ser contraproducente porque son empleos que se van a otros países porque la paridad de las monedas y bajos sueldos en otras naciones ayudan a abatir costos.

Quieran o no, hay maquiladoras en México que solo en territorio azteca hacen que los corporativos mantengan sus marcas productivas por el mismo tema del bajo costo y mejor calidad.

Pero lo que más reduce el costo de manufacturar en el vecino país es que no hay que pagar tanto en el transporte, y de la frontera mexicana es más fácil embarcar mercancías hacia los Estados Unidos.

REPITE MUCHO LA PALABRA FRANCAMENTE

Cuando pronuncia sus discursos, no ha habido uno solo en el que Donald Trump no utilice la palabra "francamente". El uso y abuso de tal palabra se conjuga con su lenguaje corporal, lo cual indica que el empresario de bienes y raíces ha tenido un gran equipo entrenándolo para la campaña de una manera tal que tiene que venderse como un empresario honesto, no como un desgastado político. Cuando derroto a más de una decena de contendientes en la primaria del Partido Republicano, fue lo primero que les dijo: que la gente está cansada de políticos tradicionales, (nota del escritor: como todo lo que pasa en Estados Unidos influye en México, no se descarta que en partido oficial en el poder fabrique su propio "Trump" empresario a la mexicana para la elección presidencial). A menos que algo inesperado pase luego de la publicación de este libro es evidente que Trump pudiera ser presidente. Cuando Donald Trump se percate que Estados Unidos es una potencia gracias a México es porque no tiene los conocimientos para ser presidente.

Estados Unidos es el país donde todo sobre hay abundancia, gracias al poder del dólar, gran cantidad de las mercancías las importan del vecino país a precios manipulados. Esta potencia no podría ser autosuficiente más del 60 por ciento de sus productos son importados y reconoce que necesita su "cuerno de la abundancia" que es México, segundo proveedor comercial de productos perecederos, derivados del petróleo, y mano de obra barata.

Una ironía que en la mayoría de las obras del consorcio Trump la mayoría de los empleados son mexicanos, de no ser por ellos, no tendría tanto dinero.

Al ser editado este libro, el candidato republicano lidera en las primarias republicanas, pero eso no significa que pueda ganar, la maquinaria Clinton está poniendo todos sus recursos.

Pero el caso es que cualquiera que gane la presidencia de los Estados Unidos tendrá que reconocer dos cosas: que el voto latino es el que determina quién será el ganador, y. que la mano de obra barata del inmigrante ayuda en gran parte el crecimiento de este gran país. En un mundo globalizado por el comercio y la tecnología muchos países experimentan grandes movimientos migratorios y tanto la comunidad europea como el continente americano se adaptan, aunque algunas leyes y políticos se opongan la migración humana persistirá. (De hecho, un estudio de la revista Time revela que los dos grandes problemas de la humanidad en el 2020 serán: la gran escasez de agua y los grandes movimientos migratorios).

Hay que reconocer que una minoría de la migración mexicana en Estados Unidos comete ilícitos dedicándose a vender drogas y a vagar como pandilleros. Pero esto se debe en gran parte a la falta de oportunidades; que ven que sus padres, tíos y hermanos son humillados peor que los esclavos de la colonia: sin ninguna garantía de seguro médico, prestaciones, por tanto, prefieren el dinero fácil de la venta de drogas. Los migrantes tenemos un compromiso de educar a nuestros hijos, el hecho no es darles todo lo necesario para que vivan bien, también requieren mucha atención en materia de supervisión y no dejar que sean influenciados por los amigos, redes sociales y juegos interactivos, tres elementos que hacen de un adolescente un perdedor, si los dejamos en manos de ellos.

Analicemos como los padres si tienen para la cerveza y el concierto de Bronco o el partido, pero no compran un libro, ni comparten tiempo con sus hijos haciendo la tarea. Ahí si hay que reconocer que la cadena Univision hace hincapié en campañas de ayudar en la educación de nuestros hijos.

TIME WARNER Y FOX NOS ODIAN EN INGLES; PERO QUIEREN NUESTRO DINERO EN ESPAÑOL

Es del todos conocido que Louis Carl 'Lou' Dobbs tuvo en su programa en CNN una serie llamada "Broken Borders", también Glen Beck demostró en su programa en CNN su odio TOTAL por los mexicanos así sucesivamente O'Reily, Shan Hannity y muchos más expresan sus libres puntos de vista, contra la inmigración criminalizando a gente pobre que tiene la necesidad de buscar una oportunidad.

Lou Dobbs tiene criaderos de caballos pura sangre, y en una entrevista con O'Reily reconoció que empleaba mexicanos por lo barato que le salía la mano de obre, pero se lavó las manos argumentando que él no era agente de migración para verificar sus papeles.

En sus programas en ingles todos esos presentadores han generado crear un etiquetado de odio contra los latinos en general especialmente contra los mexicanos el canal Natgeo perteneciente a FOX PRESENTA DIARIO AL MEDIODIA MINIMO DOS A TRES VERSIONES DE "BORDER WARS" en el que se muestra como cruza la inmigración ilegal y el tráfico de drogas. CNN hacia lo mismo con "BROKEN BORDERS" mientras que sus corporativos tienen canales en español que buscan usando todas sus argucias comerciales de la mercadotecnia para atrapar comercialmente a ese mercado hispano, al que en ingles llaman HISPANIC, (lo que en ingles significaría el PANICO DE ÉL o sea refiriéndome al presidente Trump), o sea que alguien le teme a este crecimiento de la población latina, la cual en su mayoría no es más que una derivación de las tribus indígenas que los cowboys sacaron a balazos cuando se apoderaron de este territorio. (nota del escritor, en estos programas no cubren las caras de los detenidos y menores de edad, lo cual representa una falta de respeto, pese a que los detienen infragantes, los inmigrantes tienen derecho a una audición en una corte judicial para resolver su situación legal, y en noticias y reportajes de los programas mencionados arriba, se les presenta como absolutos criminales.

De hecho, los estudios de Hollywood luego se disculparon en privado con las tribus de indios nativos americanos por haber creado tantas películas en las que se hace ver a los indios como los enemigos de la sociedad en aquellos tiempos. Pero regresando a la actualidad la sociedad norteamericana se percata que los propietarios originales de estos territorios que incluso ayudaron en las guerras para descifrar códigos secretos indescifrables como Códices Navajo, que han servido para ganar guerras, son verdaderos guerreros del bien, cuyas nuevas generaciones están relegadas en una reservación, y algunos de ellos tienen que cruzar la frontera ilegalmente para poder regresar al territorio de sus antepasados en el que ya no tienen ninguna garantía legal, ni ningún porvenir.

Nadie cuestiona a Time Warner ¿Cómo Salva a México EPN? Pero la revista si factura $50 millones.

El influyente periodista Jack Northman Anderson del Washington Post en los años 70's que junto con varios de sus colegas tanto criticaron la corrupción en la democracia mexicana, lo hicieron orquestada para debilitar los gobiernos de México y Centroamérica para favorecer a la manipulación en los precios del petróleo, ahora así la revista Time como sabe que sus periodistas ya no son tan influyentes en la opinión pública internacional, determinaron poner a Jorge Ramos como el hombre más influyente del año 2015 fue porque la corporación Time Warner determinó que de esa manera le taparía la boca al periodista para que no cuestionara ¿Cómo salvaría Enrique Peña Nieto a México? Luego de la polémica portada: "Saving México" (Salvando a México) que la revista publicó en su portada ("tapa") para todas las ediciones del mundo, pero la revista si negocio privilegios para sus canales y publicaciones en México, aparte de facturar $50 millones de dólares, que por cierto el secretario Videgaray se negó a pagar, y fue por lo que

Time Warner hizo que Carmen Aristegui re-destapara la historia de la "Casa Blanca", tema trillado meses antes por las ediciones de la revista española Hola.

Hasta antes de cerrar la edición de este libro, cheque con mis contactos en Univision en Doral, Florida y el Director de Noticias, aun no se había dignado a lanzar la pregunta a Los Pinos o Palacio Nacional, para que el presidente Enrique Peña Nieto responda: "¿cómo está salvando a México?"

CNN ANTE FRACASO COMERCIAL EN ESTADOS UNIDOS, AHORA ES EL PROMOTOR DE RELACIONES PUBLICAS DE GOBIERNOS LATINOAMERICANOS.

Por más de una década, Cable News Network ha sido el número dos en rating en el mercado doméstico de los Estados Unidos, lo cual se refleja también en la reducción de anuncio, la cadena mundial de noticias ha sabido encontrar un negocio más lucrativo el de convertirse en manejadores de las relaciones públicas e imagen de gobiernos en algunos países de Latinoamérica.

La empresa Turner Broadcasting System, propietaria de CNN al fracasar con su programa "Negocios México CNN" y ver que el canal en español no tiene ninguna trascendencia en el país azteca, decide comprar la revista Expansión, por ser una publicación que leen, "los que deciden ten México" de la cual formo parte el periodista Bernardo Méndez Lugo, quien trabajo en la publicación durante sus mejores años. Méndez Lugo, escritor, analista, y con experiencia en la rama diplomática, afirmo que CNN en su desesperación por no tener audiencia ni credibilidad, abrió el sitio AND Político y junto con Expansión CNN tratan de reposicionarse de la audiencia Mexicana, pero con fracasos editoriales frecuentes por no contar con plumas con experiencia.

AHORA MARCO RUBIO INVESTIGA LAVADO DE UNIVISION MUSIC Y GRUPOS FINANCIADOS POR NARCOTRAFICO; REGALOS COSTOSOS A PRESENTADORAS.

A de los mas prominentes senadores, Marco Rubio, Univision Noticias le investigo y lo puso como que estuvo relacionado al narcotráfico durante su juventud. El legislador cubano americano, reacciono y les hizo una batalla legal, probando su inocencia. (nota del autor, hay tantas historias que Univision presenta, y que son falsas o no tienen una fuente sólida, pero por la ignorancia de su audiencia no hay quien reclame).

Pero la televisora que en contenidos es propiedad de Televisa, pero en estrategia se maneja por cubanos de Miami, y colombianos mal informados acerca de México que usan de "muppets" a sus locutores

DONALD TRUMP ENDORSE THE CORRUPTION AND MURDER OF DRUG CARTELLS IN MEXICO.

que se nota que no leen, (pues se equivocan demasiado en su dicción) hizo con una demanda judicial infundada truncados los sueños de Marco Rubio de ser Presidente de los Estados Unidos. La televisora acuso a un hermano del senador de estar ligado con la mafia, y luego de un pesado, pero discreto litigio extrajudicial la cadena Univision, se tuvo que retractar, pues no tuvieron pruebas, pero con tal ejemplo le arruinaron su carrera al senador que recibe y procesa todos los reportes de Inteligencia, pero que de cierta manera ahora, le ha servido para enterarse como Univision y Televisa usan los grupos musicales financiados por narcotraficantes mexicanos para presentarse en su programación y hacer una especie de barter programming, (es esa programación donde no se paga la publicidad, pero ellos la usan como un write off, o sea la televisora promueve los grupos musicales gratis, a quienes les sirve para llenar sus conciertos donde todo se paga en efectivo, desde entradas, cervezas, souvenirs etcétera. El grupo musical cobra su tarifa en efectivo y con ello graban su música con Univision Music, o sea es todo un complejo, pero bien implementado lavado de dinero. De Hecho la misma presentadora Ana María Canseco, fue despedida por recibirle un costoso reloj a un grupo musical que presento, mientras que Lili Estefan y el Gordo de Molina también reciben costosos regalos y no han sido despedidos. Karla Martínez

A book belongs to the readers mind.

presentadora de Despierta América también ha recibido regalos costosos, pero luego de una amonestación de Recursos Humanos dejo de Hacerlo.

cierto que Univision tiene liderazgo en audiencia en cuestión de noticias por los manejos políticos que tienen con componendas de apoyo al partido Demócrata y por las estrategias para monopolizar deporte y música, mientras que sus competidores no pueden con esa lucha desleal.

Univision apoyo a la administración Obama a grado tal que despidió locutores que no cumplieron con la línea editorial de adulación, aunque la Administración de Barak Husein Obama incumplió con el Si Se Puede de la reforma migratoria, y no conforme con eso fue el Presidente que más indocumentados deporto combinando todas las ultimas tres administraciones pasadas de Bush padre, hijo y Clinton combinados.

Univision responde a los intereses de Televisa y no van a arriesgar sus capitales por nuestra gente, la línea editorial de la cadena permite y solapa el esclavismo moderno porque de esa manera limita las posibilidades de los inmigrantes a obtener mejores prestaciones, a aprender el idioma ingles y a forjar un verdadero espíritu de superación. Pareciera que la mafia cubana que manipula los contenidos de Univision limita los contenidos precarios en calidad para que la gente alimente su nostalgia, pero no su deseo de levantar la cabeza.

De hecho, hay un lema que dice que los cubanos determinan hasta donde llegan los mexicanos: "con visa o sin ella, cruzan el rio, pero no llegan a Washington"; de manera tal que solo manejan a la masa mexicana de carnada política en las protestas, pero hasta ahí. Los cubanos manejan ya las arcas de la Iglesia Católica para Estados Unidos; las principales agencias de Relaciones Publicas que tienen mayores nexos con la Casa Blanca en Washington y las fábricas de armas. Curiosamente esas empresas de relaciones públicas exageraron la lucha contra el narco en varios países latinoamericanos para que los gobiernos compraran altos volúmenes en equipo militar como México, el caso es que la violencia se ha reducido, y 65 por ciento del equipo pagado desde la administración de Felipe Calderón Hinojosa ni siquiera ha sido entregado, (por los acuerdos internacionales México no puede comprar equipo directamente al Ejército norteamericano), pero las empresas que abastecen a México, si son supervisadas por el Gobierno de Estados Unidos, las que posiblemente filtran las entregas, para no dejar que exista mucho armamento en el "patio trasero". Oh simplemente han visto el desastroso atropello a los derechos humanos en el país azteca y restringieron la entrega para evitar más desgracias.

Aunque aparentemente las mafias del narcotráfico han sometido a la población civil indefensa en un estado de intimidación física y emocional, mucho tienen de responsabilidad los políticos y funcionarios a todos los niveles que toleran la existencia de tales mafias.

CON PRESIDENTES "DICHARACHEROS" MEXICO Y USA ESTAN EN OTRA RETORICA DE LA ESCENA POLITICA MUNDIAL.

AMBOS GOBIERNOS NECESITAN NUESTRO VOTO.

Por primera vez EU con Donal Trump y Mexico con AMLO, Andres Manuel Lopez Obrador tienen otro contexto en su retorica.

AMLO habla diario en su "mañanera" a los medios y a los mexicanos, mientras su homologo madruga con Tweets, e inesperadas conferencias de prensa en los jardines de la Casa Blanca.

Ambos tienen criticas en pro y contra, pero ambos desean aclarar todo en el momento.

Desde hace varias elecciones el voto del Mexicoamericano es el que determina finalmente quien es el ganador. Ahora esa influencia también influye en México debido a que los que trabajan en el vecino del norte, le sugieren a sus familias buscar un candidato honesto. Ante los ataques recientes de los candidatos republicanos sobre la inmigración mexicana, siendo justos hay que hacer razonamientos y analizar que una gran parte de nuestros compatriotas si viene y trabaja

DONALD TRUMP ENDORSE THE CORRUPTION AND MURDER OF DRUG CARTELLS IN MEXICO.

muy duro al país anglosajón que alguna vez fue territorio mexicano. Los jóvenes en su mayoría hombres y mujeres de inmediato procrean hijos porque se sienten solos y creen que teniendo un hijo americano les resolverá su situación migratoria. Otros lo hacen inconscientemente porque saben que el gobierno les dará dinero por cada hijo que tengan, les ayudará con la renta. Incluso en la investigación para este libro encontré damas que tienen hijos con diferentes hombres porque cuando el hombre "las abandona" automáticamente les dan los beneficios del gobierno, los cuales les permiten vivir cómodamente en una zona de clase media, sin trabajar.

Son esos abusos los que hacen no solo a Donald Trump sino a muchos candidatos hacer sus pronunciamientos, honestamente los mexicanos tenemos que reconocer que nos excedemos, los policías y agentes de migración dicen que no tienen problema para identificar la casa de un mexicano, pues están todos los carros afuera con el cofre levantado, el jardín esta sin arreglar y cuando llega un momento de asueto a tomar cerveza con la música a todo volumen. Para variar en los juegos de soccer, es vergonzoso los gritos de nuestros compatriotas quienes gozan de ofender y lanzar basura a las canchas. Curiosamente mucha de esa gente limpia lugares como negocios, estacionamientos, calles etcétera y traducen la vulgaridad de sus actos como un repudio al rechazo de los bajos sueldos y de que nunca se les dan las mismas oportunidades que a los cubanos, asiáticos.

Lo que es admirable como, aunque mal pagados, nuestros compatriotas trabajan mejor y más duro que en su propio país.

MEXICANOS TRAEMOS MEXICO A Estados Unidos.

Muchas veces nos quejamos de por qué otras nacionalidades que llegan a tierra norteamericana encuentran el sueño americano de inmediato como los judíos, asiáticos, europeos y rusos, y de hecho son a los que menos deportan. Pero no es que el gobierno sea selectivo al momento de buscar gente indocumentada. Lamentablemente el mexicano y centroamericano no buscan la educación al llegar a este país. No hacen el mínimo esfuerzo de aprender el idioma inglés.

De hecho, lo que hace homofóbicos a muchos anglosajones y es porque me lo han explicado es que el mexicano quiere que las cosas sean a su modo, porque ya traemos esas "raras" costumbres que por generaciones hemos llevado en México. Al entrevistar a oficiales de policía de las ciudades de Roswell, Cobb. Smyrna, y Marietta, todos coincidieron en que sus departamentos de policía y sus cortes no serían autosuficientes en gastos, si no fuera por las multas que pagan los mexicanos por infracciones menores.

O sea que aparte de trabajar duro y ser los más, mal pagados, los mexicanos en Estados Unidos son una gran fuente de ingreso para abogados, traductores, casas de envíos y decenas de servicios; si Donald Trump llegara o hubiese llegado a la presidencia, también esos proveedores de servicios se quedarían sin empleo.

Si la industria de telefonía celular, bancos, televisoras, y todas las empresas de comida y bebidas que tienen un fuerte nexo con el consumo del mexicano entregaran sus números sobre sus ganancias a las encuestadoras que usan los políticos se percatarían que no les sería nada benévolo quitar de sus distritos a los mexicanos.

En los años 90's la cadena Univision reporto más utilidades en sus ventas de publicidad a nivel doméstico, - (dentro de los Estados Unidos)- que CNN a nivel mundial, (fuente WSJ).

Con este antecedente se darán cuenta que la fuerza hispanohablante ha hecho ya una barrera entre la sociedad norteamericana: los que viven y se adaptan al modelo de vida americano y se olvidan de sus raíces o los que se resisten a dejar sus costumbres, y no quieren ni cambiar la dieta en su modo de comer, ni dejar de ver sus telenovelas y escuchar a sus cantantes favoritos.

A título personal, es difícil dejar sus tradiciones como la comida, música y cultura, pero para lograr la superación si es muy importante aprender el inglés como segundo idioma, que ya en muchos estados por mandato legal del English Only, es el primer idioma, y entender el modelo de vida. Pues si hacemos lo que hacen los asiáticos y judíos, quienes no olvidan sus tradiciones, pero si procuran obtener un título universitario, eso le da una plusvalía a nuestra estancia en el país de las barras y las estrellas.

TRUMP NOS QUIERE COMO ESCLAVOS NO COMO PERSONAS, SEREMOS CIUDADANOS DE SEGUNDA.

El problema que tiene Donald Trump y que no lo dice es que como un gran desarrollador de bienes y raíces se percata de que territorialmente el mexicano está avanzando teniendo grandes comunidades en todos los estados de la Unión Americana incluido Hawái y Alaska, o sea que no hay distancias, ya nuestra gente supero todo ese problema de la transportación y aunque ponga el Muro sólido y grande con profundos cimientos para evitar túneles de los narcotraficantes, no podrá detenerlos en Alaska, ni en Hawái, ni en las islas caribeñas del caribe incluido Puerto Rico, donde ya han llegado.

En cuanto el pago del Muro (aunque el Secretario de Hacienda, Videgaray dijo contundente que no lo pagarían) México tiene muchos instrumentos y estrategias financieras para boicotear a Donald Trump si quiere obligarnos a pagar por el muro fronterizo:

Perfecto USAMOS BITCOIN

DONALD TRUMP ENDORSE THE CORRUPTION AND MURDER OF DRUG CARTELLS IN MEXICO.

1.- Aunque detenga el flujo de divisas entre servicios y bancos, existe un gran tráfico "hormiga en la frontera, que en cuestión de horas reinstauraría la entrega de remesas. O en el caso extremo, se le podría virar el problema a Donald Trump, si los millones de mexicanos recurren al Bitcoin como recurso, lo cual lastimaría a la divisa verde en los mercados internacionales.

2.- Como DT ha pronunciado que quiere que se haga rápido el muro fronterizo, tendría que recurrir a la mano de obra mexicana, y tendría que ser bien pagada y con tiempo extra, como México no lo pagara, declararía una moratoria a la deuda y daría marcha atrás a la reforma energética a ver a que le sabe. (Los norteamericanos por primera vez están extrayendo en cantidades industriales gas y petróleo en su territorio continental usando un sistema de perforación llamado "fracking" el cual consiste en perforar utilizando agua a presión para perforar las rocas, pero tiene altos riesgos de contaminación por posibles fugas y está comprobado que contamina ríos y subsuelos, entonces a la larga el daño ecológico y ambiental resultara ser más caro que importar el crudo ya refinado como lo han venido haciendo).

2.- Sacar a todos los mexicanos, solo sería a los padres que estuvieran indocumentados, constitucionalmente los hijos se quedan, y al crecer, revertirán políticamente el costo de tal acción a los republicanos.

Recuerden que el voto latino ya es el que hace que la balanza del voto popular se incline hacia el ganador cada cuatrienio, por tanto, tardara más en organizar y ejecutar la deportación masiva que en el tiempo que ya estarán de regreso.

Aparte con dos guerras que no terminan en Afganistán e Irak y otra posible en Siria, si deportan a todos los mexicanos no habrá quien cocine en los restaurantes, corte los jardines, procese alimentos y en el renglón más grande donde se reconoce que no sobreviviría sin la mano de obra mexicana, el de la construcción se declararía automáticamente en bancarrota.

3.- Respecto a los musulmanes, le será más difícil pues los hindúes son musulmanes y esta nacionalidad ya está posesionada de los sistemas operativos e informáticos de la mayoría de las grandes corporaciones, esto será casi imposible. Como este libro se escribió antes de la elección general hay rumores de que el partido republicano ejecute una estrategia que impida la llegada de Trump al poder o de plano las corporaciones le darían todo el apoyo a la demócrata Hillary Clinton. Pero en política todo es posible y más en los Estados Unidos, no puedo asegurar nada, simplemente analizo los acontecimientos.

Ahora no se puede comparar a los musulmanes con los mexicanos, los mexicanos vienen a EU por verdadera necesidad de alimentar a sus familias, en su gran mayoría, mientras los musulmanes vienen por causas religiosas y muchos de ellos si han hecho mucho daño a este gran país.

TRUMP PLANEA BASES MILITARES EN MÉXICO

Aunque reprime mucho a México y se ha rodeado de expertos, el magnate también se ha acercado a empresarios mexicanos de esos que "ya están hasta la madre del pinche PRI GOBIERNO", incluso algunos que tienen acciones en negocios americanos y con petroleras se le han acercado y han ofrecido contribuir con ideas. La principal, una base militar en la frontera sur que filtre todo el ingreso de maleantes y gente que representa una carga social para el país azteca.

Otra de las peticiones ha sido que detengan la entrega de equipo militar al Ejercito, Marina, y Policía Federal, pues solo lo usan para reprimir, intimidar, y asesinar para proteger los intereses de unos cuantos "políticos corruptos" que se enriquecen y le dan la espalda a su pueblo. Quienes se han reunido con Trump son gente que documentaron todo con estudios de analistas que dicen que a México le vendría bien una disciplinada del vecino del norte pues los falsos políticos que ostentan la administración pública de México solo utilizan el puesto para robar en complicidad con diputados y senadores. El fraude de la alternancia PRI PAN PRD y ahora MORENA, durante muchos años se ha mostrado el gobierno norteamericano muy benevolente solapando la corrupción de la alternancia política mexicana. De llegar Donald Trump a la presidencia le marginará a México esa posición privilegiada de vecino y exigirá al gobierno en turno, no solo pagar el supuesto muro fronterizo, sino también le detendrá las ayudas en programas y le exigirá mayor trabajo para el progreso en los proyectos binacionales. reducir la violencia, atropello y abuso, y mantener respeto a los procesos democráticos, pero bajo tal enmascaramiento ultrajaría territorio mexicano como lo hicieron en Puerto Rico, solo con el argumento de ayudar mantendría bases que controlarían inmigración, y la seguridad como actualmente sucede en Panamá. Además, aunque es difícil la posibilidad de que gane la elección general, que no tiene comparación con las primarias, se habla de que Donald Trump le suspendería la dotación de armamento que el gobierno de Felipe Calderón Hinojosa contrato como presidente y aniquilaría la Iniciativa Mérida, que George W. Bush hizo con Vicente Fox Quezada el 30 de Junio del 2008, pues según el magnate está comprobado que el gobierno de México solo ha usado impunemente el equipo militar en policías y soldados no combaten en manera definitiva el narcotráfico y el vicio, pero usan su fuerza para reprimir y abusar del pueblo. "Como última instancia, quitaría de en medio las costosas agencias de relaciones públicas que el presidente mexicano en turno usa para hacer

DONALD TRUMP ENDORSE THE CORRUPTION AND MURDER OF DRUG CARTELLS IN MEXICO.

acuerdos entre ambas naciones. De esa manera modificara el Acuerdo de Libre Comercio y la asesoría militar que se le da al vecino del sur sería diferente para mantener mayor control, Trump quiere tener bases militares en México que detengan en su totalidad la migración de centroamericanos.

Que los mexicanos se acostumbren a pensar que "la relación bilateral será para poner a trabajar a todo su gobierno, hasta ahora todos los presidentes han venido a Washington a estirar la mano para recibir apoyos, todo eso se va a acabar" recalco una de las fuentes entrevistadas. Pero si para entonces, México tiene un gobierno capaz, resultado de una elección democrática, entonces no le sería tan fácil al magnate "ningunearlos". Esta incertidumbre electoral en los Estados Unidos mantiene a México en un laberinto de incertidumbres, pues los grupos tradicionales de republicanos o demócratas que apoyan en la decisión de quien será el nuevo presidente en México, podría revertirse quedando en un grupo de asuntos internacionales, formado ya por el magnate inmobiliario, en el que hay gente con una visión mucho más ventajosa.

Conforme a las encuestas los mexicanos que estudian una carrera en Estados Unidos y que residen como ciudadanos naturalizados, solo dos de 10 de ellos votarían por Donald Trump, porque vienen a Estados

A book belongs to the readers mind.

Unidos cansados de las corruptelas de algunos gobiernos estatales y federales en el país azteca, resultado de la alternancia, PRI PAN PRD, (intencionalmente no pongo comas, porque los tres partidos son la misma cosa, mangoneados por Carlos Salinas de Gortari y su "política moderna" la cual ha sido más letal y destructiva que la misma revolución mexicana. Sin temor a equivocarme, el movimiento MORENA, de Andrés Manuel López Obrador no sería de ningún beneficio al país y resultaría en que México quedaría peor que Venezuela y Cuba. Aunque muchas veces a los países que tienen altos intereses en México les conviene tenernos divididos para controlar mejor nuestros recursos naturales.

Donald Trump habla mucho de que le retirara la ayuda económica y militar a la OTAN, Organización del Tratado del Atlántico Norte, aunque reconoce la autoridad de Israel, pero ya no enviara las tropas a mantener en paz, a Siria, Afganistán, Irak, Irán, para reducir los gastos en el presupuesto de los Estados Unidos cuya deuda publica ya está en trillones de dólares. Pero esencialmente no puede descuidar la estabilidad y la paz en su patio trasero: México. Si Trump se olvida de su vecino del sur ignorándolo, los rusos no lo harán, y convertirán al país en una puerta de entrada de guerrilleros del Estado Islámico que están sacando de Siria pues, aunque la gran mayoría son españoles de ETA, marroquíes, iraníes e iraquíes, no les conviene regresarlos a su país de origen con la amnistía que hacen, prefieren reubicarlos en Venezuela y México, países desde donde estratégicamente los pueden utilizar mejor con fines de intimidación.

Grupos subversivos con nexos a ISIS, que son una derivación de todos los grupos que atacan a los judíos están implantando en Latinoamérica y especialmente en México para en algún momento afectar con actos terroristas a los Estados Unidos.

"MR GORVACHOV TEAR DOWN THIS WALL", REAGAN.

Desde que Ronald Reagan pidió al líder soviético, Mijaíl Gorbachov que derribara el muro que dividía Berlín Oriental con Occidente, en el 12 de junio de 1987, año en que parecía el final de la "guerra fría", el muro fue derribado con gran jubilo, pero la "guerra fría" se cambió de lugar expandiéndose al nuevo siglo, llegando primero a Nicaragua con la guerra sandinista; luego a El Salvador, y ahora está latente en Venezuela, Bolivia y Ecuador. En el norte de Argentina y remotas partes de Uruguay y Paraguay hay campos clandestinos de entrenamiento de grupos que tienen como foco las comunidades judías de la Argentina, mientras que en Honduras y El Salvador el semillero de guerrillas no termina; y no terminara por dos sencillas razones: Estados Unidos mantiene mayor atención en Latinoamérica por la riqueza de recursos, y el cultivo de amapola en los campos de muchos de los países hispanohablantes es un negocio fecundo.

La guerra fría, tiene múltiples escenarios como Bosnia, Corea del Norte, y muchos puntos clave, pero nos enfocamos en lo que nos interesa en américa latina para no salirnos del territorio que nos interesa.

Existen muchos motivos por los que se cuestiona la guerra fría, desde el momento en que Vladimir Putin vuelve al poder, y trata de re consolidar el poder soviético territorialmente hablando, pero con la nueva ambición de dominar Europa ante los fracasos económicos y políticos con la acogida de los refugiados.

Siria está siendo utilizado como el escenario del renacimiento de la guerra fría, pues, aunque en ese país, Estados Unidos también es un aliado del ejercito soviético para combatir a ISIS, es notorio que hay tensiones y en el contexto del trasfondo de esta guerra tan injustificada que solo ha terminado con las ruinas más antiguas de la humanidad como Palmira, Raga, Alepo y varias mas, donde Rusia envió su equipo para quitar las minas y reconstruir el legado histórico que no solo es de los sirios sino de la humanidad.

MORENA NO SERÁ SOLUCIÓN A LA ALTERNANCIA,

Es increíble como lo que sucede en otros países termina afectando o influenciando a México, no solo por las modas sino por las políticas y los efectos de la globalización. Siempre decíamos que "cuando Estados

Unidos estornuda, a México le da gripa" como ejemplo de la gran influencia del vecino del norte, pero ahora con la globalización México esta interconectado al mundo de manera tal que: "Japón, China, Rusia, Francia y España, no dejarían que nos enfermáramos pues ya son tantos los intereses de otras naciones que México no quedaría solo al posible momento en que pudiese llegar Donald Trump a la presidencia de EU nos haría un favor dándonos la espalda, nos haría reaccionar para saber cotizar nuestra riqueza natural y nuestra talentosa mano de obra.

Redes sociales tienen ya una gran influencia en México, pero lamentablemente el éxito del gobierno emanado del PRI es que ya ordeno una pauta para filtrar los contenidos de los mensajes en Facebook, Tweeter, Google +, e Instagram. Hábilmente el Secretario de Gobernación, Osorio Chong, condiciono el contenido a la operación de los mensajes para evitar alteraciones en el orden social solamente, pero los administradores de los mensajes pusieron más filtros en materia del lenguaje para evitar que se hable de cómo hacer atentados terroristas. Las manifestaciones pacíficas se podrían bloquear y esto está afectando la libertad de expresión, pues ante una prensa "sordomuda" que escucha a medias y publica lo que le conviene, el país completo no solo esta gangrenándose de injusticia social, hambre y atropello, está quedando en manos de unos cuantos corruptos que por un dinero permiten que le roben flagrantemente sus recursos, y son precisamente en esas manos sucias de sangre y dólares, "¿En Manos de Quién estamos los Mexicanos?"

PRIVATIZADO PETROLEO, GAS Y ELECTRICIDAD: 60 MIL DESEMPLEADOS.

México al privatizar la industria petrolera, entrará en una etapa de reacomodamiento que algunos politiqueros la manipularán para desestabilizar socialmente al país, pues acostumbrados a tener el sindicato petrolero en el que algunos de sus líderes manipulaban, mandaban torturar, encarcelar a quienes se les oponían, o desfalcaba a su antojo, -(como en su momento Joaquín Hernández Galicia, "La Quina" lo hizo con quien ahora es el actual líder Carlos Romero Deschamps, y este a su vez pero de una manera más discreta ejerce las mismas prácticas a través de terceros)- quienes no saben y no están acostumbrados a trabajar buscarán la manera de seguir boicoteando el proceso de privatización de lo que era Petróleos Mexicanos, y esos son exactamente los mexicanos que las petroleras privadas ya no contrataran. Lo anterior aunado a que el segundo ingreso después de las exportaciones petroleras es el generan las remesas de la gente que trabaja en los Estados Unidos, Canadá, y la Unión Europea. Es esta etapa del proceso que si no lo saben manejar quienes lo ejercen podrían pintárnoslo como un presagio económico, pero no es así, privatizar a México empezando por el petróleo, la electricidad, será el inicio de hacer un país menos burocrático y más productivo. Pues, aunque con la privatización parte de las ganancias se van al exterior, lo mismo venía sucediendo con Pemex, entre sindicato y empleados saquearon la empresa a grado tal que la endeudaron totalmente. Parece difícil de entender para quienes vemos que el país está lleno de yacimientos de gas, petróleo, uranio, oro y plata como ningún otro en el continente. Por tanto la elección del 2018 será la más competida, porque "ya no será lo que digan los gringos, o los europeos con inversiones en territorio azteca", o como dicen algunos conocedores, la "caballada se ve flaca", porque los verdaderos líderes han sido "extraditados" a embajadas lejanas, o comprometidos con puestos vulnerables a los que en cualquier momento les meten una zancadilla y los encarcelan, o de plano hay empresarios que no quieren envenenarse con la "silla embrujada" (como la llamo Emiliano Zapata, el 4 de diciembre de 1914,quien no se quiso sentar al visitar junto con Francisco Villa la ciudad de México –(el presidente Venustiano Carranza había huido a Veracruz para re- instaurar su gobierno).

CACIQUES DUEÑOS DEL GOBIERNO.

El liderazgo político en México esta maquillado, artificialmente promovido por encuestas pagadas y costosas campañas de relaciones públicas manejadas por cubanos y colombianos, que a final de cuentas los resultados no sirven para nada: dan una preferencia para manipular el voto y decir a la audiencia por donde va la tendencia y que el resultado no les sorprenda.

Los verdaderos líderes están sometidos en el anonimato de las oscuras componendas de los caciques. Para guardar las apariencias los caciques invitan a empresarios a puestos de elección popular, pero muchos no quieren ni dar la cara por el miedo que representa ser parte de las ambiciones del poder y el riesgo que esto representa para sus familias.

La verdadera plataforma política del PRI fracaso y por ello recurrieron a la de la alternancia la cual resulto ser peor. Vicente Fox, siempre dice incoherencias porque es ciudadano norteamericano y no tiene la más mínima idea de lo que significa la malicia de articular la retórica de los políticos mexicanos. Se nota que Fox no creció en las calles de México, por ello lo manipula la esposa, Martha Sahagún.

"En Estados Unidos les llaman King Makers, o hacedores de Reyes, quienes están marcando quienes entran o no a la política, en México se llaman Caciques, y en Guanajuato, se llama Martha Sahagún de Fox", opina la catedrática.

DONALD TRUMP ENDORSE THE CORRUPTION AND MURDER OF DRUG CARTELLS IN MEXICO.

Escúchelo con detenimiento, Vicente Fox Quezada habla como un gringo inocente que quiere sentirse mexicano y por eso le falla tanto y dice tanta barbaridad en cuanto a la historia y conocimientos generales, porque no conoce y no ha vivido en carne propia la raíz la problemática de México, pero influenciado por la Martita Sahagún que, si tiene toda la malicia de la universidad de la calle, pues al inyectársela al "Chente" lo hace hablar más estupideces. Una buena amiga que trabajo un tiempo en el Centro de Estudios Fox, llamo al autor de este libro y le indica: "que a Vicente Fox, la Martha Sahagún lo tiene ahí sentado como "entoluachado" no hace nada, ella le controla la agenda de todo: "las que cocinan son familiares de ella así que son las únicas que saben lo que le dan" me explico la profesionista en una entrevista para este libro, "ella, refiriéndose a Martha Sahagún (y no le gusta que le digan "de Fox", aclara la profesionista, quien dice que Martha Sahagún le aclara a sus colaboradores cercanos: ella reclama que no pertenece a nadie")- dice cuándo va a montar a caballo, si maneja el Jeep rojo que le regalaron, o no o si da entrevista, a algún medio extranjero, (desde el 2013 los medios locales en Guanajuato que no tenían nota de 8 columnas se iban a San Francisco del Rincón a ver a Fox para tener nota de ocho columnas, pero la Martha se percató y ya no se lo permite). Vicente Fox Quezada, tiene que tomar ciertos tés que solo ella le suministra". La profesionista que pidió el anonimato por su seguridad y la de su familia, políticamente muy prominente menciona que se asustó de trabajar tan cerca de la pareja, "porque Martha Sahagún es muy apegada a ejercer ritos satánicos de hecho ella fue junto con Elba Esther Gordillo a África cuando decidió que de esta manera iban a manipular el ambiente de la política que les rodeaba a ambas mujeres.

Luego que dejo su trabajo en el 2015, esta profesionista con maestría comenta que va a misa a las 8 de la mañana diariamente, donde encuentra a Carlos Medina Plasencia, y varios más de los que ella cree, "que Martha Sahagún mantiene en sus amarres satánicos para que estén controlados y no lleguen a ninguna parte".

"En la política a alto nivel se practica mucho el oscurantismo Francisco, esto es algo muy serio, y Martha Sahagún invierte miles de dólares en traer reverendos de otros países, como Haití, Etiopia, Zaire y Brasil; son expertos en gurú y le destrozan la vida a cualquiera, es lo único que te puedo decir", indica la profesionista que estuvo muy cerca de Martha Sahagún durante el tiempo que trabajo en el Centro de Estudios Fox.

"Los narcos practican santería y eso es una babosada que no tiene ningún efecto", dice la ex-empleada de los Fox, "Martha Sahagún hace que les manipulen el cordón de plata, que es el que une al cuerpo con el espíritu, - (ubicado arriba del estómago, donde sentimos mariposas o cosquilleos cuando experimentamos emociones fuertes)- ha afectado hasta sacerdotes que sabe ella que no la quieren, esa mujer es capaz de todo con tal de no perder el control y el poder que tiene sobre algunos políticos. Observen su rostro tiene la piel de bebe, pues en gran parte es por las costosas cremas que usa y porque le hacen infusiones de sangre de bebe que es la mas pura y sin toxinas".

"MARTHA LE PUSO UN BREVAJE CARLOS SLIM"

"Para comprobarte que Fox esta embrujado, entoluachado o ve tú a saber qué, velo no tiene amigos, y si lo buscan primero pasan los controles de Martha Sahagún. En una ocasión estuvo a punto de ponerle un brebaje a Carlos Slim con tal de manipularlo y hacerle que le firmara unos contratos, pero la seguridad de Slim cambio el plan del evento porque el prominente empresario tenía otra cita y ya no se pudo".

Luego de repetidos intentos desistió porque el millonario empresario nunca quiso reunirse a solas con ella, siempre pedía que estuviera Vicente.

"LIMPIAS PARA PEÑA NIETO; Y A JOSEFINA VAZQUEZ MOTA LE CLAVARON AGUJAS CON SANGRE, CON UN MUÑECO GURU HECHO CON SU PELO Y RETAZOS DE SU ROPA"

Cuando se publicó que Enrique Peña Nieto ya como candidato estaba tomando cursos en el Centro de Estudios Fox, fue una vil mentira, "un priista con las recomendaciones de Carlos Salinas de Gortari, no necesita nada de Vicente Fox para llegar a Los Pinos", dice la exempleada, quien argumenta que la ex-primera dama, "si acaso justifica que se le llame de esa manera", cubre con el nombre de Centro de Estudios Fox, toda la maldad de sus prácticas diabólicas.

Martha Sahagún tiene "hasta menús para preparar los brebajes de la brujería, pero no los comparte, solo lo hace con quienes son allegados políticamente a ella, y que ella vea que de alguna manera le servirán en sus planes, cuando ya no le sirven, los manda de embajadores, o como curiosamente le paso a ese grupo de jóvenes colaboradores que sabían todo lo que ella hizo tras el escenario durante el gobierno de su esposo, y curiosamente "se cayó el helicóptero del gobierno donde viajaban, todos fallecieron, y nadie supo nada, disfrazo perfectamente todo como un accidente, al que varios que la conocen le llamaron el helicópterazo del chantaje y la corrupción del sexenio foxista, pues ahí acabo todo y nadie volvió a decir nada".

"Juan Aguilera Cid, ha sido un fiel asistente de Martha Sahagún a quien ve con mucho aprecio porque les ayudo en la campaña de Vicente Fox, y su premio fue la Dirección de prensa de Guanajuato. Pero conozco a Juan es un muchacho serio y bueno, interesado por las causas sociales, estuvo becado en Bolivia y Ecuador aprendiendo las filosofías de Evo Morales" dice, "y sabe que vivirá con ese secreto y si dice algo lo mandaran matar" explica la exprofesora universitaria.

DONALD TRUMP ENDORSE THE CORRUPTION AND MURDER OF DRUG CARTELLS IN MEXICO.

"Martha Sahagún tiene brebajes para hacer que la gente se enferme de males incurables; para tener la eterna juventud; para los desamores; para someter y manipular a sus enemigos" es una mujer muy peligrosa. Combina no solo plantas, sangre de animales, y cuando llegan sus reverendas, (las mujeres practicantes), ya nadie entra a la parte de atrás de la finca, (de hecho, cuando Martha Sahagún mando hacerse oficinas en Los Pinos, en una como cápsula del tiempo, enterró una formula con un maleficio, en el que los problemas se resolverán solo cuando ella llegue a ser la primera mujer presidente de México. "Hay un hombre negro fornido que pocas veces se le ha visto pero se le acusa de ejercer los sacrificios, nadie sabe los detalles, pero los que entran a los ritos satánicos son gente muy selecta, sin escrúpulos, con ambiciones de poder y que luego de beber el brebaje con sangre y plantas se vuelven los incondicionales de la ex-primera dama de México, como le dicen los allegados.

"Si publicas algo con mucho cuidado, que no se sospeche que soy yo, porque me podría dar por acabar loca, o muerta" agrega la entrevistada "Aquí en León, ha habido muchas muertes raras en familias prominentes, los dueños de Calzado Flexi, uno de ellos tuvo un accidente horroroso y varias cosas, que cuando se conocen a fondo, está la malicia de las brujerías de la Martha Sahagún.

A book belongs to the readers mind.

"A Enrique Gómez, propietario de los diarios "am", cuando Juan Manuel Oliva siendo gobernador se peleó con él, la Martha Sahagún le hizo un ritual para atraerle la maldad a su familia y para que su mano derecha, Antonio Lascuraín, no superara su adicción a la cocaína.

Juan Manuel Oliva llego a la gubernatura, con las tropelías y componendas a Martha Sahagún y es la que ha estado tras el pleito de los terrenos adquiridos por el exgobernador guanajuatense que en cierta forma han afectado las instalaciones de la compañía periodística propiedad de Enrique Gómez Orozco y su familia".

Hay varios funcionarios de extracción panista que tienen carreras mediocres por su falta de preparación política, y por estar neófitos en la administración pública se vuelven en los favoritos del manipuleo de la ex primera dama, se aproximan a ella y los hace alcaldes, diputados federales, sin tener una sola idea de la normativa jurídica que esto representa.

"Si a eso le agregamos las cuotas que tienen que pagarle a la "ex primera dama" por el apoyo recibido durante sus campañas, el estado de Guanajuato está hundido con este monstruo de mujer varios municipios del Estado de Guanajuato que han sido administrados por panistas mediocres están desfalcados por las millonarias sumas que le tienen que dar a la señora Martha Sahagún de Fox por medio de dineros lavados" dice la entrevistada, quien agrego que a Felipe Pablo Martínez

Treviño dueño de Calzado Emyco y el Banco del Bajío, fue Martha Sahagún quien lo metió en problemas legales con el entonces presidente Felipe Calderón Hinojosa".

Pese a que la entrevistada proviene de una familia de políticos de abolengo a nivel nacional, y algunos de sus primos han ocupado prominentes cargos a nivel gobierno federal, dice que le tiene pavor a la Martita y que nadie tiene tanto poder, influencia, y manera de manipular y metérsele a las gentes para destruir "como ella". Cuando estuvo en Los Pinos modifico las oficinas y mando que el sistema de monitoreo de seguridad se le entregara diario una foto con una corta biografía de quienes entraban y eran ajenos a su equipo.

"EMBRUJO A RAMON ALBERTO GARZA"

Muchos ven el cambio en la gente cuando son tocados o influenciados por la esposa de Vicente Fox, "mira ve un ejemplo cercano: Ramón Alberto Garza, tuvo problemas en Televisa y el Universal, vino a Guanajuato a refugiarse y a someterse a la satanería de Martha Sahagún, y ahí lo tienes, tuvo éxito con su Reporte Índigo hasta que Martha lo quiso así, pero cambio por completo a Ramón, se divorció de Silvia su esposa dejando a un lado su familia maravillosa y una acreditada carrera periodística. Pero desde que empezó a hacer alianzas con Martha Sahagún, cambia de giro, trata de hacer un partido político, se vuelve a casar, ahora vende su empresa, empieza Magenta, pero nada que ver con el éxito del pasado, si Ramón cayo en los brebajes de Martha Sahagún ya no se levanta. Sí le curo el tartamudeo que no había podido superar por décadas, pero a cambio de condicionar su sentido común y periodístico a la dirección de Martha Sahagún. Ramón se alejó de sus verdaderos amigos, incluso siendo el más fiel empleado de Alejandro Junco de la Vega, ahora se ven como verdaderos enemigos.

Pero los que conocemos al periodista regiomontano y que por años trabajamos con él, sabemos que no es él en sí, es el estado psicotrópico de los brebajes que le hizo tomar la Martha, quien sigue interesada en manipular al prominente periodista con quien en alguna ocasión trató de formar un partido político que algún día, la nominara a ella como la candidata idónea a presidir el país azteca, lo cual parece difícil mas no imposible, "con los amarres que les pone ya no son autores de sus decisiones". De hecho, dicen que Felipe Calderón le dio la espalda a Josefina Vásquez Mota, pero los que conocen del medio del satanismo, dice la entrevistada, "fueron las tácticas de la Martha Sahagún y sus "amarres" los que le congelaron la campaña presidencial por el PAN, así es todo el que recibe la influencia de Martha, los enferma, los acaba, tiene a su servicio los mejores brujos de gurú de Haití". Si algún día desea saber cuál es el grupo político que domina la ex primera dama de México.

LAS NOTICIAS EN TV ESTAN FUERA DE CONTEXTO

Si nos admira que Televisa y TV Azteca nunca dan a conocer la realidad de las protestas a raíz de las múltiples matanzas y desapariciones de en su mayoría gente inocente. No nos debe extrañar que los medios norteamericanos estén cortados por la misma tijera y nos traten igual, o sea nuestra opinión publica la invalidan y maquillan la manera de ver las cosas con sus mentiras, y callan a todos con partidos de soccer y abaratando la cerveza.

Mientras FOX, CNN pelean por recuperar la audiencia perdida y recuperar el dominio de la opinión pública que les arrebataron las redes sociales se nota que la tendencia es que las mismas televisoras han hecho más agresiva la cobertura de las campañas presidenciales de EU para recuperar esa audiencia en la inmensidad del cyber espacio.

Las tendencias siguen demostrando que FOX NEWS es el vocero y apoya a los republicanos mientras que CNN es el canal a favor de los demócratas, especialmente a favor de los Clinton. Cuando los mayores canales de televisión que se pelean el dominio de la opinión pública de los Estados Unidos anteponen los intereses comerciales y políticos ante la materia prima fundamental de la noticia que es la verdad ya hay problemas porque te dan la noticia sazonada con comentarios tendenciosos.

Ya la audiencia no tiene tiempo de decidir porque de inmediato le ponen un analista, un conocedor un consultor, que maneja tendenciosamente el camino de la información

Lamentablemente nos hemos hecho muy adictos a informarnos por videos, ya sea de la TV o en el internet, porque si leyéramos las noticias nos detendríamos a analizar el contexto de la fuente y la tendencia.

El gobierno de México gasta desde la administración de Luis Echeverría Álvarez mas del 35 % del erario, sin escrutinio alguno de las cámaras alta y baja, en prensa y relaciones públicas, lo que significa que tienen manga ancha para manipular no solo la información sino también comprar a los líderes de opinión y funciona en ambos sentidos. O sea que tanto panistas como priistas y perredistas se manejan con el mismo templete. Como prueba de ello se ven en ocasiones muchas críticas a ciertos temas o personajes de la política tanto en medios como en redes sociales, y de repente como si fuera por arte de magia, ya no se vuelve a saber del tema.

Así son las agencias de relaciones públicas, ese es su trabajo y funcionan a todos los niveles, en México y Washington y se interconectan para hacer "correo negro" (o sea desprestigiar a quien tienen en la mira) o enaltecer a ignorantes idiotas que nunca han tenido ningún porvenir.

La maquinaria de las Relaciones Publicas es muy efectiva y son gente muy preparada que utiliza las teorías del "el punto clave", que vendría siendo como los consejos y recomendaciones de boca en boca sobre temas virales y comerciales, por ejemplo: nadie conocía los zapatos Hush Puppies que no tenían gran demanda, pero sus executivos, Owen Baxter y Geoffrey Lewis, escucharon a un estilista quien les dijo que los zapatos tuvieron muy buena acogida en los bares del centro de Manhattan y les dieron algunos pares a varias celebridades que los hicieron famosos a grado tal de esta marca y modelo de zapatos daban un estatus social a quienes los usaban, paso seguido es que luego hasta los pandilleros los utilizaron para así sentirse como gente aceptable en la sociedad neoyorkina. Las modas imponen y eso es lo que hacen ahora las agencias de relaciones públicas, combinando majestuosas estrategias de mercadotecnia.

En la antigüedad los españoles sepultaron la Gran Tenochtitlan, para no dejar rastro de una gran cultura que tenia de los mejores médicos, astrónomos, ingenieros, y ha pasado lo mismo entre las dinastías de los reyes chinos, el sucesor mandaba destruir todos los libros sobre su antecesor. La práctica de destruir testimonio y no dejar ningún manifiesto se ve a todos los niveles, no solo en el político, también en las religiones, el internet está sepultando las bibliotecas dejándolas en el olvido, porque no se están escaneando todos los títulos debidamente, en ocasiones solo se copia la portada y una sinopsis y hasta ahí. Pero no solo en la lectura se ve el rezago de los libros, pasa con los periódicos, con la regla de cálculo, todo ese posicionamiento astral que nuestros antepasados lograban con la ubicación de estrellas y astros para medir estaciones, tiempo y así hacer calendarios, ahora lo hacen con computadoras, pero esta dicho que los cambios climáticos podrían fracturar las estaciones y consecuentemente afectar más el cambio climático.

MEXICO ES UN COLORIDO MOSAICO DE DIVERSAS TRADICIONES SOCIALES, CULTURALES PERO MANIPULADO POR LOS CACIQUES.

Muchas veces nos quejamos porque nos va mal y de toda la culpa al presidente o al gobierno, pero nos hemos preguntado: ¿cuál es nuestro nivel de preparación intelectual; si tenemos credenciales profesionales para competir en el trabajo; si le ponemos la suficiente fuerza al trabajo; si acaso cuidamos las relaciones publicas y profesionales debidamente?

Pocas veces nos autoevaluamos vivimos en un mundo en el que hasta la limpieza del frente de nuestra casa influye en la opinión que la gente tiene sobre nosotros. En ocasiones culpamos a la pobreza de todo, pero la pasta de dientes, el cepillo, grasa para calzado, unas tijeras y un corta uñas cuestan menos que un cartón de cerveza, o que el boleto para ir a un concierto grupero.

Somos muy desconsiderados con nosotros mismos, nuestros jóvenes cuando llegan a los Estados Unidos creen que, con raparse de alguna manera rara con un copete morado, y un tatuaje en el cuello, ya se americanizaron, pero no cometen el error mas grande de su vida. Esto se debe a un factor cultural: nos dejamos imponer las modas de los medios y las redes sociales, pero jamás sabríamos qué fue lo que se dijo en el salón de clase el semestre anterior. Por generaciones hemos declinado, pero no por razones personales, sino que el lastre social nos empuja: ¿para qué estudias?, tú no tienes cabeza para eso…. Infinidad de cosas que nos dicen amigos que prefieren que los acompañes a jugar una "cascarita" y luego a refrescarse con una caguama con la de la tienda de la esquina que tiene unas "lolas buenísimas".

O por el contrario cuantos jóvenes se han esforzado para salir adelante con los mejores promedios y básicamente cuando piden una oportunidad algún cacique se percata y le llama al rector de la universidad: "Hola doctor amigo mío, mira ahí va ese muchacho de mi pueblo, muy inteligente, pero se quiere casar con mi hija, así que por ninguna razón me le das entrada a la universidad a ese cabrón". El rector ni tardo ni perezoso acata las indicaciones al pie de la letra.

Como no me gusta escribir sin ejemplos, mi compañero y amigo, Eusebio Carrillo Arellano, el hijo del intendente en la secundaria, ESTI 95 era el más aplicado, se metió a estudiar medicina, y por falta de apoyo no termino la carrera.

Así como muchos aspirantes a profesionistas ven truncadas sus intenciones en las universidades públicas y en ocasiones hasta en las privadas con la obtención de becas; por culpa de gente malévola que, por mantener el dominio político y económico de las regiones mexicanas, impiden a pobres y gente sin conexiones tenga una profesión. Como consecuencia un 65 por ciento de los graduados de universidades mexicanas son mediocres y no conocen la normatividad de la profesión, como ejemplo muchos abogados solucionan muchos casos con sobornos pues ante su ignorancia en el dominio legal, prefieren ceder a la corrupción para la resolución de sus casos.

Aunque repetidas ocasiones hemos hecho lo posible por cambiar, siempre hay políticos que regresan al nepotismo y favoritismo como opción para mantener el control del poder, y aunque estas acciones se ven más en los pueblos y estados, también tienen ejecución en la política nacional.

DONALD TRUMP ENDORSE THE CORRUPTION AND MURDER OF DRUG CARTELLS IN MEXICO.

William Shakespeare el gran escritor de la lengua inglesa, entre otros, decía que: "La ignorancia es como la oscuridad de la noche, nos hace confundir cualquier arbusto con un monstruo", lo cual es muy cierto, cuantos van de porros a las universidades y con las huelgas no dejan a los demás estudiar, solo andan de agitadores, y se gradúan generaciones de ignorantes que solo les espera una fuente de trabajo, que es en el gobierno, que sigue necesitando esa clase parasitaria de agitadores. Todos los políticos tienen sus matones a sueldo sin excepción pues solo así intimidan, controlan y atropellan a la gente para apoderarse de edificios, colonias, ranchos y hasta manipular la democracia y posicionarse como ganadores. Desde Echeverría el PRI no ha ganado las elecciones, pero con la manipulación de la Reforma Política, los colegios y tribunales electorales, si se gana a su manera.

POR LA MEMORIA DE MI PADRE, NO DERRAMAREMOS UNA GOTA DE SANGRE, CUAHUTEMOC CARDENAS SOLORZANO.

Cuauhtémoc Cárdenas Solórzano, quien derroto a Carlos Salinas de Gortari por mayoría abrumadora, no quiso derramar una gota de sangre, por la memoria de su padre, Don Lázaro Cárdenas.

Varios militares de alto rango se reportaron listos para hacer valer la democracia. Manuel Bartlett Díaz reportaba un problema en el centro de cómputo de los votos esa noche, precisamente porque la inteligencia norteamericana le recomendaba que fuera "sobrio" el resultado electoral, (o sea que ganara CSG, pero por una diferencia mínima de votos con CCS de esa manera lograron evitar las protestas y quienes votaron por el PRD al ver que la diferencia fueron unos cuantos miles de votos, quedaron conformes. Luego Carlos Salinas de Gortari, ya como presidente electo mando escanear todos los votos y actas electorales del país para ponerlo en una base de datos a fin de que si hubiese alguna duda poder comprobar que su victoria fue por una diferencia mínima.) porque el vecino del norte no quería un golpe de estado, la realidad: muchos militares se reportaron a sus zonas para garantizar la seguridad de las elecciones, y esos mismos militares armados estaban organizados de manera tal, que Gobernación, la embajada norteamericana, todas las instalaciones petroleras podrían ser el blanco de la protesta". Era el momento más tenso del sexenio de Miguel de la Madrid Hurtado, quien hizo todo lo posible por pasar a la historia como un verdadero administrador soberano, pero aun así se derramo mucha sangre en su sexenio.

Existen muchas polémicas y versiones incompletas sobre la elección de Carlos Salinas de Gortari, pero era el presidente puesto por Wall Street y la sociedad Down Jones, de hecho, es el único expresidente que hasta la fecha recibe un sueldo superior a los 30 mil dólares por favores concedidos a dicha institución durante su administración. Mientras que

DONALD TRUMP ENDORSE THE CORRUPTION AND MURDER OF DRUG CARTELLS IN MEXICO.

los indios de la sierra de Michoacán y Guerrero tienen una deuda pendiente "por la traición al hijo del Tata Cárdenas" que no han perdonado y de donde se derivan tantos problemas políticos y sociales en la región.

MEXICANOS ESTAMOS EN MANOS DE CACIQUES SIN ESCRUPULOS QUE POR MANTENER EL PODER ASESINAN A QUIEN LES CUESTIONE SUS CORRUPTELAS.

Se ha visto últimamente que el nuevo juego de la democracia mexicana es la Alternancia de Partidos y candidatos, pero no es más que la imposición de títeres para manejarlos a su antojo por el mismo anquilosado y viciado Sistema Político Mexicano donde los que tienen el poder de decisión son los que amasan grandes cantidades de dinero, y se mangonean unos cuantos que entienden las leyes, además por fuera, sin que nadie sepa, tienen un contacto que maneja una elite de matones e inteligencia para saber dónde están los problemas potenciales.

El ejemplo más reciente los 43 estudiantes de Ayotzinapa, pero si hacemos un recuento van miles y miles de muertos.

La situación es tan grave, que el Presidente Barak Obama, desde que entro a la Casa Blanca en Enero 20 del 2009, insto un departamento especial con un grant para que exmilitares retirados entrevisten mexicanos recién llegados a territorio norteamericano, para que les den pistas sobre la identidad de quienes manejan las mafias de narcotraficantes, de tráfico humano, y quienes hacen las matanzas para los funcionarios del gobierno mexicano, especialmente los que provienen del PRI.

Premiado varias veces por la Cámara Hispana de Comercio de Georgia, condecorado por el Ejercito de los Estados Unidos, y con una historia militar muy particular, MARIO ORIZABAL. Un inmigrante salvadoreño con una historia muy especial.

Llego siendo menor de edad a los Estados Unidos, por ende, aprendió muy bien el inglés y la educación básica de este país, al cumplir los 18 años se enrolo en el USA Army.

Todo iba viento en popa, por su buena condición física paso su reclutamiento sin ningún problema y se hizo soldado. Tuvo varias asignaciones especiales y ascendió hasta sargento, cuando le llega su primera misión importante en Alemania, al recibirla de un mando superior el joven sargento, les contesta a sus superiores que no tienen problema con cumplir con la misión, pero resulta que no tiene pasaporte, por carecer de residencia permanente. El general del Fort McPherson le dice al Sargento Orizabal que regrese al día siguiente.

A primera hora estuvo puntual en las oficinas, cuando vio que dos policías militares lo tomaron del brazo, Orizabal me comento en la entrevista que pensó lo peor y que su carrera militar y su estancia en los Estados Unidos habían terminado para siempre.

Cuando llega el General con su imponente uniforme y sus cinco estrellas les dice a los Policías Militares, acompañen al Sargento Orizabal, ya saben qué hacer. Se subieron a un Jeep y se fueron a la Corte Federal donde ya le esperaba en audiencia un Juez. El supremo le pregunta al sargento qué le hacía falta para cumplir con su misión militar en Alemania, a lo que el Sargento Orizabal contesto, un pasaporte, honorable Juez.

"Estaba más nervioso que cuando nos ponían pruebas de asalto para el entrenamiento de uso de armas en la oscuridad" le comenta Mario Orizabal al autor de este libro en la entrevista que duro varios días y de la cual resumimos lo más importante.

"Se me salieron las lágrimas cuando termine de mencionar la palabra: "pasaporte". El juez con su expresión rígida, su mirada profunda se me quedo viendo por varios minutos, el silencio era imperativo y se acentuaba como esperando una respuesta de ayuda al sonar el marrete. -(marrete es el instrumento tipo martillo de madera que el juez golpea cuando da la decisión final)- solo se escuchaba un suspiro del juez, que tomando en su mano el oficio del Ejército Norteamericano, le dice: Sargento Mario Orizabal, veo que ha sido un buen soldado con ocho años de servicio activo, sin faltas y es usted muy disciplinado... viene usted uniformado con sus insignias su uniforme muy limpio, y como veterano y dando cumplimiento a mi autoridad de Juez de la Corte Federal de Atlanta le Confirmo la Ciudadanía de los Estados Unidos Por Su Lealtad y su Amor por servir a este país.

Sargento Orizabal lleve este documento al Departamento de inmigración para que se lo validen con un sello y de inmediato tramite su pasaporte. ¿Tiene algo más que decir?, si su Honor, mi esposa tiene el mismo problema. No hay problema regrese mañana con ella y traiga las identificaciones de ella.

Al día siguiente la esposa de Mario Orizabal fue declarada por el mismo juez federal, ciudadana de los Estados Unidos.

Mario Orizabal cumplió exitosamente misiones en varias bases fuera de los Estados Unidos estuvo en la Tormenta del Desierto y varias más. Durante su retiro trabajo como guardia de seguridad en Turner Broadcasting System, donde el autor de este libro lo conoció, e iniciamos una gran amistad.

Mario Orizabal recibe un grant del gobierno en el que entrevista inmigrantes torturados y maltratados por las bandas de narcotraficantes y le pasa los datos que logra obtener a las agencias federales encargadas de la investigación.

Desde que se inició tal proyecto más de 300 bandas han sido capturadas en ambos lados de la frontera, pero esto no significa más que una porción mínima en el amplio espectro del crimen que se ejerce en ambos lados de la frontera.

Los operativos de las investigaciones fracasan por la pobre y casi nula cooperación de las autoridades mexicanas que están mal pagadas, y por tal motivo reciben los sobornos de las mafias de traficantes.

México por casi 3 décadas, no solo tiene varios de los hombres más ricos del mundo, de acuerdo con la revista Forbes, entre empresarios y narcotraficantes y el líder sindical petrolero; lo irónico es que cuenta con un margen de pobreza patrocinado por los corruptos programas sociales del gobierno que, en lugar de fomentar el progreso, han hundido más el nivel de pobreza, y manipulada mente han enriquecido a quienes lo administran.

Pareciera que las corporaciones norteamericanas han visto que el "Efecto México" es más efectivo que cualquier otro en el mundo, pues el famoso "outsource" que significa: Producir a costo de pesos y vender en dólares es un gran generador de ganancias. En gran parte ese ha sido el gran éxito de Televisa, sin embargo, sus actores principales, tienen que anunciar productos, trabajar en teatro, o hacer relaciones públicas para poder compensar su ingreso y poder sobrevivir como actores. Pero no es solo los bajos costos y su geografía lo que favorece al país azteca ante los retos internacionales: es su gente. Los mexicanos somos muy especiales, amigables, adaptables a cualquier condición de ambiente, clima, negociamos a cualquier costo, y cuando nos proponemos algo lo logramos, no ha habido país a donde vaya en el que no encuentre a mis compatriotas, paseando o trabajando. Por ello me inspire para este libro, porque muchos mexicanos que permanecen en el territorio e intentan cambiar para superarse sufren de un aterrador mal ocasionado por quienes manipulan todo: los caciques. El cacicazgo es ese terrible mal que se ve en cada esquina cuando vez que las casas no están alineadas debidamente respetando las banquetas; lo vemos en el acaparamiento de productos y aunque existan precios oficiales aparentemente para tener un control estricto de precios en la canasta básica, ha sido el monopolio mejor maquinado para especular con el maíz, frijol, azúcar, entre otros.

Pero la bacteria que produce que ese cacicazgo sea de por vida, es el influyentísimo, todos tenemos un amigo en gobierno, que justificada o injustificadamente llego al puesto, pero por tener contentos a todos, "les hace el paro".

DONALD TRUMP ENDORSE THE CORRUPTION AND MURDER OF DRUG CARTELLS IN MEXICO.

Los departamentos de Tránsito y Transporte en cada administración municipal empiezan el periodo sin dinero para presupuesto, los jefes los mandan a traer multas y "mordidas" la cosa es que haya dinero cuanto antes. En la mayoría de los casos policías y agentes ignoran el reglamento, pero como los mexicanos somos dados a no respetar, nos gusta el influyentismo, la corrupción es cosa de nunca acabar.

Pareciera que los personajes cambian, los problemas son más caóticos, pero con mayor magnitud, agudizando las carencias por el meteórico crecimiento de la población, de inmigrantes ilegales, quienes son el ingrediente perfecto de narcotraficantes para mantener sus tentáculos de vicio, violencia y corrupción, a los que paralelamente los políticos manipulan como carnada electoral para mantener el sistema de la alternancia, el cual les ha funcionado, ahora le toca al que este menos desgastado.

Los medios masivos cada día tienen más capital e injerencia extranjera, por ejemplo CNN compra la revista Expansión, en México, porque es la que leen los que deciden, de esa manera "fertilizan la opinión pública", ahora sigue el proceso de controlar a las mayorías, que es un factor de riesgo para tanta inversión que las mineras, petroleras internacionales, compañías eléctricas y de energía nuclear tienen en mente, el sistema es llegarles por medio de sus familiares que viven y trabajan en los

Estados Unidos. Seis de cada 10 familias tienen un pariente trabajando en los Estados Unidos, será por medio de ellos como se manipulará el adoctrinamiento por ello ya Televisa y Fox tienen grandes convenios, no solo cuando invirtieron en un satélite juntos, sino que será por medio de las televisoras en español en Estados Unidos, que complementaran el proceso de un "olvido terminal" de los Héroes de México, aquellos que nos dieron valores, no solo defendiendo a la patria, sino haciendo un patrimonio histórico que como Nación nos hace únicos en el mundo. Los saqueos a México han sido comunes, no solo desde que llegaron los españoles cuando nuestros indígenas les cambiaron piezas de oro por espejos; también desde que en la revolución enriquecimos a los gringos, mandándoles furgones de oro a cambio de rifles y municiones; las petroleras ya habían estado explotando el oro negro y cuando Don Lázaro Cárdenas anuncio sus planes de nacionalizar la industria petrolera, los campesinos llegaban a las presidencias municipales de muchos poblados de Michoacán con una gallina y su machete bien afilado. La idea de aquello que se vio a nivel masivo era que el pueblo estaba listo con armas y comida para recuperar esa riqueza del subsuelo que solo unos cuantos han sabido explotar. (cuando Sadam Hussein gobernó Iraq tenía que dar una despensa familiar cada mes y pagar el recibo de la electricidad, fue la única manera de que el tirano pudiera explotar los pozos petroleros

DONALD TRUMP ENDORSE THE CORRUPTION AND MURDER OF DRUG CARTELLS IN MEXICO.

antes de que Estados Unidos lo aniquilara; en Venezuela Hugo Chávez subsidiaba la gasolina para su pueblo y llenar un tanque de gasolina se lograba durante su gobierno con el equivalente a un dólar; mientras que en México sucede lo contrario, los gasolinazos asfixian la economía del país Azteca cuyos cimientos son más ricos que los de Arabia Saudita, Irak y Kuwait juntos).

Cada invierno que paso en Estados Unidos me percato de lo dependiente que es este país de la energía del petróleo y aunque los yanquis tienen sus reservas, no las quieren tocar, siempre usan energéticos importados pues así mantienen su poderío estratégico en lo económico y militar. Pues si prescindieran de los energéticos, Estados Unidos podría funcionar 50 años sin resentir carestía y desabasto.

México siempre ha jugado un papel preponderante en el abasto de energía de los Estados Unidos, pero siempre lo han mantenido como una reserva más. Pero ahora que el mundo árabe ya no negocia tan fácilmente con occidente, el país de las barras y las estrellas formaliza negociaciones en México para abastecerse de crudo.

Pero el problema no es que compren nuestro petróleo al precio más bajo del mercado, la cosa es que al modificar el artículo 27 de la constitución mexicana las trasnacionales están posicionándose del subsuelo, que fue exactamente lo mismo que hicieron en Chile.

EL MÉXICO DE TELENOVELA ES SINTÉTICO

NOVELAS MEXICANAS No Transpiran la Realidad Mexicana, se vuelven en entrenamiento nocivo etiquetando a los mexicanos como algo que no somos. Mientras buscan en las historias de narcos la innovación de sus temas, las novelas en español en general están usando los nocivos temas del narco para retener audiencia, que no está cautiva ni narcotizada, más bien lo que está pasando es que está buscando temas independientes en los contenidos alternativos en línea. El éxito que llevo a Televisa a capitalizarse a la par del sobrevalorado fue bol soccer, ha hecho que sus competidores produzcan novelas y series, algunas regulares otras dejan mucho que desear, pero dejan siempre al mexicano como bandoleros. Bien me lo dijo la única ocasión que tuve la oportunidad de hablar unos minutos con Don Antonio Aguilar, le dije que de niño pude ver varias de sus películas admirando sus caballos, y le pregunte por qué no se animó a aceptar propuestas de Hollywood, que, si las tuvo, y me contestó, ellos me quieren usar para etiquetar al mexicano como bandolero y eso nunca lo voy a permitir". Me estrecho la mano con un apretón sincero y nos despedimos.

Televisa trata de mantener esa manipulación social con los contenidos que le provee a su afiliada Univision, pero los mexicanos del lado americano están cansados de tal tendencia, lo único que los retiene esa audiencia en Univision y Telemundo es la información sobre las leyes migratorias y el fut bol soccer, este último está siendo ligeramente desplazado por las ligas europeas, donde ya lideran varios jugadores latinos, y la tendencia se va moviendo más cada vez.

Es muy triste que cuando mi hijo y yo nos vamos a la barbería, el peluquero nos hace gran fiesta hablándonos de las novelas mexicanas que vio en Rusia durante su infancia de las cuales aprendió algunos nombres de artistas.

Mi respuesta para todos los extranjeros que ven novelas de Televisa, es que nunca se crean de la fantasía de las telenovelas, pues nunca representan la realidad del pueblo mexicano en varios aspectos, pues empobrecen más la imagen de nuestros compatriotas.

La influencia de las novelas es principalmente en las mujeres que adoptan los nombres de la protagonista para sus hijas; pero en esencia la interpretación es tan sintética que no convencen a nadie ni con el "product placement" o sea con la inserción de productos de manera digital o real en la locación para vender más tiempo comercial.

El éxito de las novelas se ve en los "re makes" o sea en las versiones actualizadas de novelas que en décadas pasadas tuvieron mucho éxito, pero que anuncian un gran presagio de este producto en la televisión,

A book belongs to the readers mind.

que se desangra lentamente en audiencia, pues las nuevas generaciones buscan las teleseries, sitcoms o como les quiera llamar, y de acuerdo a los estudios y análisis que utilizo para hacer esta observación, no dudo que el formato de las series tenga que ser insertado en los horarios estelares de la televisión mexicana para reemplazar a la novela.

El contenido de las telenovelas esta tan comprometido que nunca veremos temas de personajes de la política, ni de los líderes del sector privado, mucho menos de los deficientes contenidos de la educación y el amafiado bloque del magisterio que cada día refleja sus mermas con esas masivas cruzas de gente que atraviesan la frontera para vender sus brazos al mejor postor porque pocos de ellos pudieron tener alcance a una eficiente educación básica, principalmente a los de las áreas rurales.

NARCONOVELAS PARA MANTENER EL EMPOBRECIDO RATING

Recientemente han encontrado rating en el empobrecido tema de los narcotraficantes, que aunque territorialmente controlan todo, no pueden con la buena conciencia del pueblo de Mexico.

Los mexicanos radicados en el territorio norteamericano y latinos en general están controlados y manipulados, no solo por su condición migratoria de "indocumentados" lo que los condiciona automáticamente a trabajos forzados en jornadas que superan las 8 horas y cinco días a la semana. Un indocumentado trabaja en promedio 60 horas por semana sin recibir sus descansos, ni remuneración por tiempo extra, tema que no se destaca objetivamente en las novelas que cubren tales temas.

Las novelas mexicanas y las películas de Hollywood tienen una peculiaridad: no se les acaban las balas, sus lágrimas son tan falsas como los besos.

La novela en español maneja en esencia mayormente infidelidades, relaciones entre ricos y pobres, pero nunca motivan a la superación educativa, ni cuestionan los desastres de los manipuleos políticos entre los cuales tienen mucho que ver los contenidos de las novelas.

Univision y Telemundo están mayormente administrados por cubanos, que son los verdaderos chicanos, pues nunca han vivido en Latinoamérica, muchos crecieron en Estados Unidos y pobremente entienden las tradiciones latinoamericanas por tanto no están calificados para dirigir televisoras y agencias de relaciones públicas de manera asertiva, sin embargo, lo hacen por su fluido inglés. Los cubanos son los verdaderos "chicanos" pues no entienden la cultura latina ni la anglosajona a fondo, ni las tendencias dominantes de ambas: la anglosajona del poder económico basado en la mercadotecnia para todo, y la latina basada en ritos y tradiciones ancestrales que nunca

A book belongs to the readers mind.

dejaremos como las creencias en la virgen y los remedios caseros entre otros.

Pero las novelas son en esencia un tema trillado con actores bien parecidos con uno que otro toque de manipulación social y una mínima orientación sobre cómo cuidarse la salud, pero hasta ahí llegan todas, son contenidos que si el rating responde los prolongan para vender más anuncio y llenar espacios de tiempo en horario estelar, algo muy capcioso en las televisoras de transmisión abierta o de paga. La Telenovela es el contenido más barato de producir pues aprovechan nuevos talentos que trabajan por paupérrimos pagos con tal de llegar a la fama, sin entender que si lo logran Televisa los manipula haciéndoles firmar complicados contratos de cobertura internacional que les limita su vida artística, siendo así como Televisa lanzo su propio estudio de cine, para controlar a sus talentos en caso de un éxito hollywoodesco. Pantelion es el estudio que es la sociedad de Televisa y Lions Gate Entertainment, pero no solo fue creado para manipular el talento hispano en Hollywood, sino para mantener la mediocridad disfrazada que Televisa siempre mantiene en la pantalla como un ungüento social de temas que hagan reír, enamorarse y llorar pero que no levanten ámpula ni reacciones contra los mezquinos partidos políticos que entre todos negocian la permanencia en el poder sin ningún respeto a la democracia. Como un México tan globalizado con tanto profesionista y tanta gente bilingüe que tiene éxito en otros países en México permanece inerte pareciera que el reloj político de México está atrasado manipulado por los caciques que pareciera que en una pirámide invertida tienen controlado el poder ese poder que no deja que las novelas transpiren la realidad de un México que en verdad llora desconsolado ante tanta injusticia social en el que 43 estudiantes desaparecen de la noche a la mañana ante la presencia policiaca y de cámaras de seguridad y que nadie sabe dar cuentas de ello, incluyendo los mismos medios que transmiten la televisión con noticiarios de Telenovela en los que no reflejan la realidad de una nación. Los medios mexicanos agonizan socialmente pues los que dicen la verdad son limitados con la publicidad oficial (la publicidad política es la mejor pagada pues se factura al triple del costo regular y el gobierno la usa para manejar lealtades) y los que la ocultan no solo están subordinados, sino que manipulados por el sistema y odiados por el pueblo. A la escena entran los medios internacionales como CNN que adquiere la revista Expansión, luego de un profundo análisis, determinan que dicha publicación es leída por quienes deciden, mandan y en cierta manera influyen en México, pero luego de algunos años en los que tal publicación no llena las expectativas de ventas; la usan para "fertilizar la opinión pública mexicana" y de esa manera promover los medios de

Time Warner y CNN, pero el fracaso fue total, a grado tal que ni el anuncio del canal de telenovelas les funciono y tuvieron que cancelar dicho plan y poner a la venta CNN Expansión, publicación que tiene un atractivo formato pero en sus contenidos le coquetean a ciertos funcionarios para mantener la publicidad política y automáticamente traicionaban ciertos principios del sector privado. Luego el corporativo Turner Broadcasting System le tuvo que dar órdenes a JC-(quien desde que lo nombraron presidente de Turner Internacional se quejó ante su grupo cerrado de amigos con quienes goza de beber tequila y jugar domino, que la empresa Turner es un "matriarcado de mierda" y siempre estuvo en contra de Kelly Regal de Recursos Humanos, Louis Sams del departamento Legal y Cynthia Hudson Fernández de CNN)- de cancelar el anuncio del acuerdo hecho con Sony y TDL para lanzar un canal de telenovelas en español pues otro fracaso comercial como el de la revista CNN Expansión la empresa no lo soporta. La empresa recuerda en sus libros de contabilidad las pérdidas millonarias cuando Carlos Díaz, director de Ventas de Turner Broadcasting System para Latinoamérica sigue las órdenes estrictas de Ted Turner de no creer en sociedades ni exclusividades, por tanto cuando va a México a ofrecer el Cartoon Network, se los vende a Cablevisión de Televisa y a su competidor Multivision, pero Televisa lo quería en exclusiva, lo cual Emilio Azcárraga Milmo "El Tigre" no lo perdonó y por dos años boicoteó las compras de programación a Turner Broadcasting System, lo cual esta empresa lo resintió notablemente.

La relación era tan fría con Televisa que, Charlotte Leonard, Vicepresidenta y Gerente General de Turner Broadcasting System, le pidió al autor de este libro, quien fue su asistente, organizar una Reunión con Televisa y con Multivision por separado para limar las asperezas y tener más contacto para que los canales TNT y Cartoon Network tuvieran la misma aceptación pues en la década de los noventas se desato una lluvia de canales para cable y transmisión satelital de parte de los estudios y televisoras norteamericanas.

Hago esta referencia porque es importante destacar que existe una competencia debajo de la mesa, un tanto desleal de parte de Turner Broadcasting System para destronar el éxito comercial y a la vez manipulador que por generaciones Televisa ha tenido no solo en territorio azteca, sino en el resto de Latinoamérica y los Estados Unidos.

Cuando Emilio Azcárraga Milmo reunió a sus ejecutivos para lanzar ECO Enlaces de Comunicaciones Orbitales, mando a Atlanta, Georgia al puertorriqueño, Francisco Fortuño con una cámara de video no profesional, pequeña, de manera tal que pudo grabar el tour que se le da al público en los estudios del CNN Center. Al día siguiente Emilio

Azcárraga Milmo esperaba ansioso el video para presentarlo en una junta de consejo y lanzar su canal de noticias y novelas ECO lo cual fue un maquillado canal 2 (Canal de las Estrellas concepto por el cual Pedro Torres lucho y defendió como concepto antes de que se lanzara el departamento de imagen corporativo que manejaba Miguel Alemán Magnani, a grado tal que en una cena en el rancho del ex gobernador de Coahuila, El Diablo de las fuentes, el autor de este libro iba como reportero a cubrir el evento social en 1987 y Pedro Torres todavía casado con Lucia Méndez, me externo sus proyectos en Miami, como desacuerdo al concepto ECO de fusionar noticiarios y novelas, proyecto que fracaso y le dio la razón, el poder del tag line, El Canal de las Estrellas está en la solidez de imagen que le hizo Pedro Torres) pero luego del fracaso de ECO, Televisa refuerza la imagen en El Canal de las Estrellas e incrementa la producción de novelas, a grado tal que en 1999 un análisis del Wall Street Jornal, cuando todavía pertenecía a la sociedad Down Jones, indica que el soporte de contenidos de Televisa es lo que mantiene a Univision fuerte en los Estados Unidos y que de seguir así algún día tendrá más ganancias por venta de anuncios el canal en Español que Cable News Network, al cual describe que pierde audiencia como si tuviera una hemorragia imparable.

Ya trabajando el autor de este libro en Turner Broadcasting System, ayudaba como corresponsal de ECO sobre varios acontecimientos noticiosos en el sureste de Estados Unidos, fuera de mis horas de trabajo y con el consentimiento de Charlotte Leonard. De hecho, en una ocasión me llama Francisca Domínguez y me pide de favor que ayude a Adolfo Cervantes Director de Corresponsales Extranjeros de ECO quien vino a Atlanta a rentar la máquina para remover el césped del Estadio Azteca para hacer el concierto de Michael Jackson y al día siguiente tenían el juego de fut bol americano de los Dallas Cowboys. Para evitar conflictos dado que había sucedido el problema con Cartoon Network, presente a Adolfo Cervantes con Charlotte Leonard y varios ejecutivos de Turner, luego lo lleve a cenar con mi familia. Adolfo Cervantes me comento los detalles de cómo Fidel Castro los forzó a cerrar el Buro de ECO en la Habana, Cuba por la transmisión de una historia sobre los excesos del dictador. "Por tanto, mi esposa está cuidando un negocio de telefonía celular que juntos iniciamos para en caso de que esto de la televisión falle", me comentaba riéndose, "tener ya fincado un negocio. Lleve al día siguiente a Adolfo Cervantes a visitar los estudios de CNN, y Deborah Dougberthy, Directora de Relaciones Públicas de CNN en Español, nos dio el tour y fue notorio que cuando Adolfo Cervantes mencionó el incidente del cierre del buro de la Habana, días después Lucia Newman, la chilena corresponsal en la isla caribeña para CNN incremento la cobertura de historias desde ese lugar, usando como

269

Adolfo Cervantes Director de Corresponsales

antecedente la experiencia de Televisa de no criticar el régimen de Fidel para evitar cualquier conflicto. ¿Ahora que quiero decir con esto?; que a veces los mejores actores de la televisión los encontramos en los noticieros, porque las realidades del país las veremos maquilladas en las telenovelas.

Turner Broadcasting System siempre ha envidiado el liderazgo de Televisa en deportes y entretenimiento, pero lo malo es que sus ejecutivos nunca han podido hacer coberturas y producciones semejantes o que superen a las de Televisa que tienen mucho que mejorar.

La novela en las áreas rurales México ha sido más influyente que la Telesecundaria (sistema de educación para áreas rurales) y las modas la forma de hablar y vestir consolida lo que Emilio Azcárraga Milmo profesó siempre que estuvo al frente del corporativo: "vamos a hacer televisión de vecindad, vamos a hacer televisión para los jodidos".

Aunque el concepto reunió por un tiempo las expectativas cantinflescas de Azcárraga, fue temporalmente, y ese concepto se ha vuelto en una bomba de tiempo, que paulatinamente ira teniendo un efecto reversible en la televisora que pretende mantener un esquema social que facilita la manipulación política, pero cuyo quebranto se avizora de forma muy próxima, o sea imagine al pueblo de México como la audiencia de un programa de concursos de televisión, donde todos tienen que aplaudir cuando se los indiquen, todos están atentos porque podrían ser seleccionados a participar, pero esa audiencia cautiva tiene un límite y buscará otras opciones si se siente engañada; Televisa se ha mantenido porque las novelas son un producto que empatiza con la audiencia por ello están haciendo de la provincia mexicana más locaciones de grabación. La Novela es un producto que les ha funcionado pero las redes sociales y el internet están minando el campo de la audiencia. Nunca aceptaremos que la telenovela sirva para definir a la sociedad mexicana, porque en su mayoría el pueblo mexicano es noble, con una moral alta y con muchos valores históricos y religiosos. La telenovela mantiene gran audiencia porque es la opción más barata de entretenimiento que tiene el público donde encuentran empatía a sus emociones, frustraciones y sueños inalcanzables, pero en algunos casos narcotiza las aspiraciones de muchos por limitar las expectativas, (por ello advierto que nunca habrá una novela que trate temas políticos o empresariales) en las novelas no encuentras soluciones, la mayor parte hacen más hincapié en el chantaje de los sentimientos haciendo más notorios la miseria, el odio, desamores, amarguras del alma, que encadenan al pueblo a una identidad que ya se exporta poniendo una etiqueta a todos, mientras que los productores de las novelas gastan pesos y ganan dólares.

Por más que se hagan esfuerzos sociales y educativos, la sociedad mexicana queda subordinada y marginada a la manipulación mediática, (Televisión Azteca hace un esfuerzo por marcar una diferencia, pero significa algo mínimo comparado con el manipuleo para embriagar física y mentalmente al pueblo narcotizando sus costumbres y dejándolos esperanzados a la nada con ilusiones vacías, y las palabras de Emilio Azcárraga Milmo quedan a perpetuidad como si fuera muy honorable, jactarse de ello: "Nuestro mercado en este país es muy claro: la clase media popular. La clase exquisita, muy respetable, puede leer libros o Proceso para ver qué dicen de Televisa... Estos pueden hacer muchas cosas que los diviertan, pero la clase modesta, que es una clase fabulosa y digna, no tiene otra manera de vivir o de tener acceso a la distracción más que la televisión". Pero ahora esos "jodidos" tienen un enemigo silencioso que presagia esas palabras: las redes sociales, que no solo han venido a llenar el vacío informativo de los medios, sino que "militarizan a los jóvenes a una rebeldía social en la que cuando reaccionen los medios a ser más abiertos a la opinión pública será demasiado tarde. La condición actual del país azteca no puede esperar a que haya un verdadero líder que mantenga a la nación en paz, porque no va a suceder con tanto manipuleo de narcotraficantes y enemigos políticos que no se atreven a dar la cara.

MUCHOS AMERICANOS ESTAN CANSADOS DE ALGUNOS MEXICANOS QUE ABUSAN DEL SISTEMA.

Si leemos bien los artículos en ingles sobre la polémica acerca de la inmigración y verificamos lo que sucede en la vida real, no es que nos odien la culpa la tenemos muchos latinos, (lamentablemente en su gran mayoría Salvadoreños, Mexicanos y Colombianos), debido a que hay muchos involucrados con el crimen organizado asesinato y distribución de drogas. Como ejemplo les pongo que las escuelas publicas de Gwinnett el condado con mayor construcción de casas a nivel nacional, están cambiando la instrucción del Español, por el Mandarin, (Chino), para que los niños tengan una base en su futuro, lo que sucede es que las autoridades nos tienen medidos en cuanto a nuestra mentalidad y desarrollo como país y comunidad de nuestras raíces, aclarando que no quiero decir que seamos malos todos, pero si hay una alta influencia de las mafias en algunos sectores de nuestro gobierno mexicano.

Por décadas mucho se ha hablado en estudios que analizan la cultura mexicana en territorio norteamericano, pero lo cierto es que por generaciones el efecto es diferente:

Durante la Primera y Segunda Guerra Mundial, se hicieron los famosos programas "bracero" en el que enviaban trenes a México para cargar trabajadores temporales y luego regresaban a sus comunidades con sus ahorros y formaban un negocio o vivían de sus rentas, pero una gran mayoría nunca llevaban a los hijos o a la esposa porque finalmente regresaban a México.

Cuando las Guerras de Corea y Vietnam también hubo una alta demanda de mano de obra inmigrante, algunos que ya tuvieron a sus hijos en Estados Unidos, tuvieron la oportunidad de enlistarse en el Ejército. Paralelamente el movimiento de César Chávez por un mejor trato a los trabajadores agrícolas y el movimiento "hippie" elevaron la estima y el reconocimiento a la mano de obra del inmigrante.

En 1986 la amnistía del presidente Ronald Reagan, fue un reconocimiento a la necesidad de mano de obra barata para mantener la productividad de los Estados Unidos. Posteriormente vinieron la "Tormenta del Desierto" en la que más latinos participaron en las fuerzas armadas, luego la toma de Iraq y la estadía de miles de soldados en Afganistán han hecho que la necesidad de la fuerza laboral del inmigrante pase de prioritaria a necesaria. Pero la inmigración es un negocio permanente en los Estados Unidos manipulado por quienes tienen el poder, por ejemplo cuando los preparativos para las Olimpiadas en Atlanta en 1996, los contratistas enviaban autobuses a la frontera para traer inmigrantes indocumentados, al paso de los años, aunque esté pendiente una regularización migratoria que legalizaría a 15 millones de inmigrantes, el proceso de legislación quedo pendiente por parte de las autoridades, pareciera que la frontera es una válvula reguladora de inmigrantes: en el 2005, cuando sucedió el Huracán Katharina en Nueva Orleans, se necesitaba tanto trabajador que llegaban inmigrantes por miles como si la frontera sur fuera un grifo abierto. O sea, los norteamericanos explotan la inmigración acorde a sus necesidades, si se presenta desempleo hay deportaciones y hacen el tema político, mucho se habla de Nueva Orleans, pero nadie reconoce el esfuerzo de esos trabajadores mal pagados, sin seguro médico, ni beneficios de prestaciones, pese a que pusieron todo su esfuerzo. El esclavismo de los tiempos modernos. Cuando llegue a Georgia, alguien me dijo que nunca usara la palabra "picnic" porque proviene de cuando los blancos iban a comprar esclavos, iban a las estaciones de ferrocarril y llevaban una canasta de comida y mientras comían en familia presenciaban la subasta de "Pick a Níger" que significa: "elige un negro", por tanto, elimine ese término de mi vocabulario.

Si me refiero a esto es porque en los años 70's los afroamericanos al ver reconocidos sus derechos empezaron a figurar más en la política, música, y varias profesiones que en los años 50's y 60's les fueron denegadas entonces en los setentas también influyó mucho a que los inmigrantes hicieran los trabajos que ya no querían hacer los afroamericanos.

Al pasar septiembre 11 o el famoso 9-11 y el derribamiento de las torres gemelas, parte del Pentágono incidentes que cambiaron la vida de todos, también los inmigrantes jugaron un papel importante al cubrir los empleos que miles de soldados dejaron para irse a Iraq y Afganistán, o sea que los inmigrantes siempre hacen los trabajos más pesados, pero nunca tienen una garantía, como si fueran vasos desechables pero gracias al sistema de vida americano basado en la inmigración, la frontera seguirá siendo el abasto de inmigrantes.

TELEVISA MONOPOLIO DE NOVELAS

QUE MANIPULAN LA IGNORANCIA

Pareciera que los pueblos de México y Estados Unidos tienen algo en común, la mayoría de sus hombres han emigrado. Estos fenómenos no sorprenden a nadie, si se analizan como migraciones temporales, pero el riesgo es que en el lado azteca, grupos musulmanes están siendo mentores de jóvenes que se convierten en una presa fácil de manipulación por la pobre educación escolar que reciben y ante la falta de autoridad del padre y en algunos casos de la madre también, esos chamacos indecisos buscan esa seguridad que estos grupos aparentemente les dan, pero el riesgo es que desde Venezuela hasta la frontera del rio Bravo, esos grupos patrocinados por el narco hacen del futuro de México presa fácil. La ingobernabilidad se acentúa masen las fronteras y las costas, pero la figura del centralismo del sistema político mexicano que ya estaba contaminado desde hace varios sexenios, con la particularidad de que los Narcos antes sobornaban para operar, ahora compran presidentes municipales, gobernadores y generales del ejército de los sectores que prefieren operar.

En contraste los pueblos de Estados Unidos están desiertos de hombres jóvenes, de los cuales la gran mayoría, andan en Afganistán, Corea del Norte o Irak. Lo que pasa en esos pueblos es que también ante la ausencia paternal, muchos jóvenes caen en el vicio y se completa el ciclo del trasiego de drogas y además esos pueblos en algunos estados es fácilmente adquirir armas y municiones con tan solo una licencia y un pasaporte mexicanos, no se requiere ser ciudadano de los Estados Unidos, ni hay límite de venta. Con lo cual se comprueba que ambos gobiernos no están comprometidos con su pueblo por sostener la soberanía: México hace un "esfuerzo" sintético para que los medios tengan algo que informar en materia de seguridad, pero las desapariciones siguen en mayor proporción y más seguido.

México ya tiene un control externo de parte de esos grupos fuertemente influenciados por el Estado Islámico de Irak y Siria, (ISIS Islamic State of Iraq and Siria) y los funcionarios no solamente no tienen voluntad política, sino que además están manipulados por la intimidación. Mientras que Estados Unidos, desde que Obama ocupo la presidencia ha desestimado la importancia de mantener seguro y libre de influencias externas a México. Luego de que Canadá pusiera un cerco en cuanto al visado a mexicanos para que crucen su frontera, por el ingreso de los autores de los ataques terroristas de septiembre 11, 2001. Las campañas mediáticas han hecho creer al mundo que la frontera de México es desde entonces, el puente de entrada de los enemigos de Estados Unidos, lo cual es falso porque conforme a las pruebas ha sido la frontera de Canadá por donde más terroristas han ingresado a los Estados Unidos. Pero fue hasta que varios reportajes inundaron las redes sociales para que la administración de Janet Napolitano reconociera parcialmente que los terroristas del 9/11 entraron por el país del norte, advirtiendo que el peligro esta potencialmente para ambas líneas fronterizas. Curiosamente desde tales ataques terroristas, la cadena Fox a través de su canal Natgeo inicio la transmisión del programa "Border Wars" y como la televisora en la que trabaje por 8 años está obsesionada contra los mexicanos que vienen a trabajar en los Estados Unidos, le dieron más horas al programa en Natgeo, pasándolo en 3 ocasiones al día, desde el año 2006 hasta el 2016.

MANEJAN LA FRONTERA COMO UNA LLAVE DE AGUA. LA ABREN CUANDO NECESITAN MANO DE OBRA BARATA Y RAPIDA.

Pasan los tornados, huracanes y desastres, pero las compañías de seguros más grandes del mundo no se van a descapitalizar cubriendo todas las reparaciones, ellos mismos presionan para que la gente indocumentada pase la frontera y así de inmediato ponerlos a levantar el escombro y reconstruir a bajo costo.

Como me lo dijo un agente especial de migración, Hugo Rolando Briseño, me comento que "el negocio de los inmigrantes nunca se va a acabar en los Estados Unidos. Constructoras y cualquier ramo de la industria y negocios se enriquece con ellos, los ves en las cocinas de los restaurantes todas tienen mexicanos de lo contrario no es negocio.

Historias de Inmigrantes:

MAR UN JOVEN CUYO CEREBRO FUE RECONSTRUIDO Y VUELVE A VIVIR LUEGO DE 3 CIRUGIAS; AHORA ES UN GRAN DREAMER.

"Me llama el doctor a casa de la vecina", señora no tengo tiempo para explicaciones, soy médico general, su hijo tiene los cesos expuestos por un accidente vehicular, me autoriza operarlo, no soy neurocirujano, no le garantizo que pueda caminar, o hablar. Urge cerrarle la fractura de cráneo". La madre quedo muda por unos segundos responde: "Doctor en el nombre de Dios opere a mi hijo, Él lo iluminara". Mar (nombre que su madre le dio en honor a la grandeza de los océanos, equivale a la grandeza de Dios), tenía 7 años, su madre emigro con sus hijos, Mar y Lluvia a Atlanta. Ahora ambos son soñadores.

No voy a revelar la identidad, solo rindo un tributo a Mar, un mexicano oriundo de Michoacán, que le gana a la vida luego de un accidente, su cráneo fue reconstruido. De la parte izquierda de la frente a la parte posterior del oído. Perdió el olfato y varios sentidos, pero no las ganas de vivir, y pese a su diminuta figura, es muy activo y leal al trabajo duro. Vive con su mama y su padrastro, El Chilango, quienes han logrado que este joven se sobreponga a la adversidad y tenga los medios para vivir. Mar vive muy sencillo, pues todo su salario se lo entrega a su madre y el solo se queda con una parte para su transporte y gastos mínimos para su aseo personal.

Mar hace lo que se le pida en el trabajo y siempre es positivo, con su accidente perdió cierta sincronía del habla, pero eso no lo detiene de llevar alegría y una buena relación a sus compañeros, ayudando en todo lo que se pueda.

DONALD TRUMP ENDORSE THE CORRUPTION AND MURDER OF DRUG CARTELLS IN MEXICO.

Con su arduo trabajo, Mar se ha sabido ganar el respeto de sus jefes y compañeros, pues no solo es un inmigrante, es un hombre fuerte pese a su esbelta constitución física que ha sabido ganarle a la vida con dedicación y se nota cómo hace esfuerzos más allá de lo que puede, para poder sobreponerse. Al platicar con Mar, me relato que es precisamente ese esfuerzo físico que se ha convertido en parte de su recuperación tras pasar meses en coma más de un año en cama, pues reconoce que, si se hubiese quedado en una cama, ya estaría muerto.

Alegre agitando su lata de Monster, una bebida con energía que le da fuerza, Mar expresa que la toma de pequeños tragos durante todo el día para que no le afecte la presión arterial.

Mar no pierde las ganas de vivir, mucho menos el respeto de sus compañeros de trabajo.

EPILEPTICO MEXICANO ACRIBILLADO POR POLICIA EN UN HOSPITAL DE NASHVILLE.

Para escribir este libro sobran historias desgarradoras que por razones de discriminación racial no se publican en medios impresos y electrónicos; pero solo escogí esas que no fueron publicadas debidamente por los medios por la manipulación de algunas autoridades.

A book belongs to the readers mind.

José un mexicano en los treinta y tantos años, sintió que le iba a dar un ataque de epilepsia cuando venía de su trabajo en la construcción en una Nashville, Tennessee.

Por la falta de medicamento José entra corriendo a la recepción donde ya no pudo y desplomándose toco de la mano a la secretaria para clamar ayuda ante su ignorancia del idioma inglés, mientras se desplomaba sobre el escritorio, el policía de guardia pensó que la estaba atacando, y sin verificar nada, saco su arma y le disparó a quemarropa hasta acabar con su vida. Horas después familiares y amigos notifican a las autoridades de su padecimiento, pero el gendarme quedo exonerado de todo cargo porque su trabajo era salvaguardar la seguridad del hospital.

Dias después un líder comunitario de nombre Eloy Guerra, quien se ostentaba como cónsul honorario y hacia negocio explotando la ignorancia de los mexicanos poniendo a sus hijas a hacer traducciones y notarizaciones cobrando cantidades fuera de todo límite como 600 dólares por notarización) organiza un baile para ayudar con los gastos a la familia y enviar el cadáver a México, en el que se recolectan más de $30 mil dólares en efectivo, de los cuales Eloy Guerra solo les entrega justo los seis mil dólares de la transportación, sin rendir cuentas ni explicación del resto de la cantidad ingresada.

"Hubo testigos que lo denunciaron, pero nadie logro detenerlo ni hacerle cargos, lo que la Policía local deseaba es que no se hablara más del caso para que su compañero que estaba fuera de servicio por la investigación del caso pudiera re incorporarse al trabajo" declara en entrevista para este libro, la costarricense Sandra Molina, ex corresponsal de Televisa en Chicago y asignada para cubrir el caso.

Molina afirmo que Televisa le censuro mencionar que Eloy Guerra era cónsul honorario de México, lucro con un puesto que se les asigna a mexicanos comprometidos con la ayuda a la gente...

Inmigrantes No Somos Vasos Desechables; Urge Una Reforma Migratoria justa para la gente trabajadora.

Pareciera que CNN y FOX NEWS, Los canales más importantes de noticias en Cable le juegan una farsa al público bilingüe de los Estados Unidos; o, mejor dicho, informan lo que comercial y políticamente les conviene para mantener la audiencia. Tanto FOX News y CNN en inglés atacan la inmigración desde que se han venido haciendo propuestas en Washington.Nos faltan dedos de la mano para contar: Glenn Beck: Lou Dobbs: O'Reilly; Sean Hannity; Pat Buchannan; Newt Grinwich y si le sigo no terminaría este artículo editorial, pero que curioso Mundo FOX, y CÑN, las versiones al español, de ambas cadenas la apoyan, y a diario expresan las opiniones de los líderes que están a favor de una Reforma

Migratoria, mientras que en Ingles les dan más resonancia a las opiniones Anti Inmigrante de Marco Rubio y congresistas republicanos.

'"TENEMOS LA LICENCIA DE DIOS Y LA VIRGEN"

En una ocasión extravié mi cartera, por lo que mis compañeros mexicanos, guatemaltecos en su mayoría, al escucharme de la perdida me ayudaban a buscar la billetera.

Todos se portaron maravillosos, pero hubo una gran joven que me dio una lección de vida, esperanza y que me hizo sentir los ingredientes morales, éticos y religiosos que sostienen a nuestros inmigrantes en pie ante las adversidades del ser indocumentados.

Yo andaba desesperado buscando mi cartera dado que ahí porto mis documentos, y me intranquiliza conducir mi vehículo sin licencia, al verme así, mi compañera Adelina, quien es una chica excepcional se me queda viendo con su honesta y tierna mirada y me dice: "Señor Durán no se le olvide que vivimos y manejamos con la mejor licencia: Licencia de Dios, esa nos sirve más para conducir, antes que nada, Dios y sobre todo Dios"

MEXICANOS CON SU TRABAJO MONTAN UN IMPERIO Y LUEGO LOS DESPIDEN SIN NINGUNA GARANTIA.

Agustín y Margarita Puga, él de Parácuaro, Guanajuato, México y ella de Madera Chihuahua. Iniciaron su trabajo en Los Ángeles, California como pareja, laborando para una fábrica de muebles de piel, en la que el propietario les tomo mucho afecto, a grado tal que les permitía usar sus vehículos y pasar temporadas en su mansión cuando él viajaba.

Todo era bueno para Gus y Maga, compraron su casa, una camioneta nueva, y cuando menos lo esperan el propietario fallece.

Al quedar un hijo con la fábrica de Los Ángeles, un hijo con su hermana, y su esposo, les convencen de que se trasladen a Atlanta, Georgia para abrir otra planta, ofreciéndoles un 15 % de participación en las ganancias, siempre y cuando capacitaran a todo el personal y trabajaran sin límite hasta que las ventas compensaran la inversión del nuevo negocio.

Pasaron los años, Gus usaba carros que le prestaban en la compañía porque su sueldo era de dos mil dólares y las ganancias no las vio por 15 años que porque se tuvieron que reinvertir en una tienda que abrieron en North Point Mall. La tienda de muebles de piel es de lo más lujoso que existe en la región sur de los Estados Unidos, venden infinidad de muebles en los estados aledaños. Agustín trabajo más de 16 años y Margarita solo los primeros cinco más difíciles que fueron los del entrenamiento, en los que había que cumplir pedidos y nunca recibieron un dólar de tiempo extra.

Pese a que en los catálogos de las tiendas aparecía el nombre de todos los socios, incluido Gus, éste fue desconocido, el día que pidió dinero de

A book belongs to the readers mind.

sus ganancias para mandar a su hijo menor a la Universidad y comprar una casa mejor. En respuesta los dueños le cambiaron el horario, le pusieron funciones difíciles de cumplir en un solo día, lo enviaron a regiones apartadas de la Florida o Tennessee a reparar muebles.

Un día, decidió pelear su parte en corte y lo único que logro tras firmar decenas de cláusulas en las que se comprometían a irse del Estado de Georgia, donde no podía producir muebles de piel, ni hablar del caso, solo le dieron un sueldo de casi tres mil dólares al mes por 4 años, lo cual resulta una parte mínima en comparación a lo que Gus y Maga hicieron por los dos judíos americanos y sus familias, no solo en montar la fábrica, sino cuando trabajaban para el papa de ellos, Gus y Maga en emergencias los cuidaban de niños. El acuerdo fuera de corte, lo hicieron porque todas las veces que les prestaron los vehículos y les obsequiaron cosas, utilizaron ciertas evidencias para acusarlos de abuso de confianza y de robo.

Agustín quedo muy frustrado porque para moverse a Georgia, remato su casa en Los Ángeles, dejo el trabajo que tenía con el papá y que una hermana lo mantenía. Pero tomo el riesgo y aprendió que no todos los patrones son iguales, hay muchos que por güeritos de ojos azules que los veas con una mirada dulce, son unos malvados, sin piedad, que se valen de argucias y trampas legales para abusar en la gente.

DONALD TRUMP ENDORSE THE CORRUPTION AND MURDER OF DRUG CARTELLS IN MEXICO.

El autor de este libro conoció en la peluquería a Gus puga y al saber de su profesión fui a la fábrica a comprar una serie de muebles porque meses antes habíamos cambiado de residencia. Uno de los socios hasta salió de su oficina para conocernos porque no creía que su socio mexicano, que se encargaba de capacitar a los obreros había vendido un juego de sofás de siete mil dólares, mucho menos que otro mexicano los estaba comprando, pero desde que los conocí preserve la amistad pensando en algún día escribir su ejemplar historia porque veía el talento y dedicación de Gus y Maga quienes son maravillosos padres y entrañables amigos. A sus hijos: Sergio, Jullie, y Gus les dieron un gran ejemplo y educación.

Debido a las condiciones que les impusieron los abogados Gus y Maga no quisieron volver a hacer muebles de piel, actualmente ambos asisten como administradores de una pequeña clínica de atención médica en otro estado de la unión americana y pese a que se les ha invitado por gente que conoce su talento, se niegan a volver a hacer muebles y decoraciones de piel.

Con su árduo trabajo, Gus y Maga Puga lograron un emporio de 7 tiendas en tres estados, y enriquecieron a sus socios, sin embargo, aunque con maniobras legales les despojaron de su parte en la sociedad, ellos tienen la mayor riqueza: sus hijos y sus nietos, que representan la Bendición del Creador.

Margarita y Agustín Puga, son gente que por casi 30 años trabajaron incansablemente jornadas de casi 12 horas diarias, sin goce de sobresueldo por las horas extras.

Pero sus hijos son buenos y Dios algún día los va a recompensar.

NO HUBO UNA MALINCHE, HAY MUCHAS Y HASTA SE LES OLVIDA QUE SON MEXICANAS.

Las crónicas de Bernal Diaz del Castillo, sobre la conquista de Hernán Cortes en territorio azteca mencionan a una Malinche cuyo sobre nombre recreado por tolerar el abuso de los conquistadores; actualmente en la biografía recreada por la respetada novelista y escritora Laura Esquivel, detalla que la niña es llamada "Malinalli".

A todos se nos quedó el apodo de "la Malinche" para distinguirla de entre el resto de las mujeres indígenas, quien no solo fue la interprete, sino la amante del hombre barbado. Pero al referirnos a las mujeres inmigrantes, también encontré a "La Malinche" y no fue una sino en varios cientos, y me refiero a las mexicanas que se casan con anglosajones, algunas de ellas, se les olvida que son mexicanas.

Es increíble, pero una gran mayoría - (NO TODAS, HAY UNAS QUE MIS RESPETOS HASTA ENSEÑAN AL ANGLOSAJON A ADORAR A MÉXICO)-

DONALD TRUMP ENDORSE THE CORRUPTION AND MURDER OF DRUG CARTELLS IN MEXICO.

hasta no permiten que sus hijos hablen el idioma castellano, aunque en casa tienen que usarlo por no dominar el inglés.

Este tipo de personas, ya con el hecho de adoptar un apellido de gentilicio extranjero quieren ver al resto de los mexicanos por encima del hombro y con cierto complejo de superioridad. El lado triste es que en su casa las convierten en sirvientas, cocineras y a muchas hasta las meten a trabajar para que ayuden con el pago de las deudas.

Estas mujeres ocultan las humillaciones e ignorancia del idioma y las costumbres y las convierten en una aparente supremacía ante el resto de las mujeres casadas con mexicano.

Aunque no lo dicen, es triste la vida que llevan las "malinches mexicanas", muchas se esclavizan a todo lo antes mencionado por lograr tener una residencia legal.

Ante el rechazo que sufren de parte de las familias de sus parejas y los círculos de amigos, deseosas buscan la amistad de mexicanos. Al final del caso muchas acaban divorciadas por no adaptarse a las costumbres, y concluir desesperadas ante el rechazo.

Por el contrario, hay algunas mexicanas, que le inculcan a su pareja y sus hijos el amor por México, las costumbres, la comida y el idioma, convirtiéndose en verdaderas embajadoras. Pero luego de verificar en casi 50 parejas haciendo la larga investigación para escribir este libro,

A book belongs to the readers mind.

más que nada es educación lo que las orilla a adoptar la posición de "malinchistas", porque hay mujeres profesionistas, educadas con título universitario, son más congruentes en su conducta y la aceptación de sus raíces en la cultura.

Mientras que las que tienen poco acceso a la educación su misma ignorancia las arrastra al chicanismo, que es un estado en el que no conocen de manera suficiente, ni la cultura mexicana, ni la estadounidense. Fenómeno que no solamente se ve entre mexicanos, sino en otras nacionalidades principalmente de ascendencia caribeña y latina.

"MEXICANOS SOMOS COMO LA ELECTRICIDAD: UNA FUERZA INVISIBLE QUE MUEVE TODO"

En uno de los cuatro centros de trabajo que obtuve un empleo para conocer las verdaderas condiciones de empleo a las que se someten los mexicanos, uno de ellos me dijo: "véanos somos como la electricidad nadie la ve, pero producimos mucho".

Algunos estudios hechos por el gobierno norteamericano en cuanto a las minorías reconocen que los negocios como la construcción; producción de alimentos; agricultura e industria en general no crecen si no emplean mano de obra inmigrante, en especial la mexicana, y de centroamericanos.

Pues la garantía de ser indocumentados es un factor de seguridad en ganancias y disminución de problemas pues su difícil condición de indocumentados los mantiene relegados, sin derechos y pocas ocasiones se atreven a demandar legalmente a su empleador.

Las empresas que registran rápido crecimiento y que emplean trabajadores indocumentados, son las que menos prestaciones ofrecen en cuanto a bonos, 401 K, etcétera precisamente porque como sus trabajadores no están legalmente en el país, los empleadores justifican el no darles esos beneficios, pero es un abuso, porque con el capital que manejan bien podrían costear el pago de visas de trabajo para ellos, pero no lo hacen, porque les conviene seguir abusando de ellos. Ahora hay que reconocer que no todas las empresas abusan de sus empleados, hay algunas empresas que son justas con sus empleados, pero se aguantan porque por la edad y su condición de indocumentados saben que ya no podrían trabajar en otra parte.

La mayor parte de los indocumentados tienen dos trabajos, viven hasta 8 en un apartamento de dos recamaras, compran ropa usada; muchos no se divierten; (todo su dinero lo mandan a México, ante la incertidumbre de algún día ser deportados).

Ahora es más difícil permanecer en los Estados Unidos

ASI PIENSAN LOS HIJOS DE ALGUNOS INMIGRANTES MEXICANOS:

Hay gente que sale tan resentida de México por la falta de oportunidades, la represión tanto de mafias del narco como las extorsiones de los cuerpos policiacos, que a sus hijos les dicen que jamás vayan a México, "por peligroso, sucio y desordenado".

Me toco ver el caso de un niño de unos 8 años que le contesta a sus padres: "entonces México es otro planeta, porque aquí nos protegen mucho a los niños. La madre interrumpe y le dice al padre: ya vez para que le dices esas cosas al niño, mira cómo está creciendo con un resentimiento y odio contra nuestro México". El padre sube el tono de voz y arremete: "Verdad que si hijo, tú vas a ser un marino de guerra, y vas a ir a sacar a esos políticos cabrones y mierdas que dejaron en la calle a tus abuelos.... Si papi... verdad mujer, nuestros hijos son la generación que van a cambiar a México".

(Me salgo de esa conversación y me remonto a mis tiempos de estudiante (cuando hice mi segunda carrera en el ITT Tech), había muchos miembros del Army y la Navy, la gran mayoría fuerzas especiales que estudiaban para regresar a la guerra. Tuve una conversación demasiado profunda sobre la violencia en México, muchos de ellos México-Americanos, interrumpe Eric Monterrosa, un calificado miembro del ejército y me dice: "Francisco mi comandante en fuerzas especiales nos alertó que esperaba órdenes para ir a la frontera y detener a varios jefes del narco si el Gobierno de México no hace nada... es más te lo digo en un fuerte militar de Texas, (locación clasificada) hay un equipo muy calificado para operar de noche, como se hizo con la captura de Noriega, listo 24/7 para atrapar a cualquier narco y a cualquier político que arriesgue la estabilidad de nuestro vecino del sur, porque la corrupción está llegando a niveles nunca antes vistos.)

En tanto hay otros padres, como en mi caso, que en ocasiones nos hacemos la idea de tener las costumbres y tradiciones en nuestra casa, iniciando por el idioma.

Esa semilla que los padres siembran en las mentes de sus hijos se fertiliza con el sentimiento antiinmigrante que existe en los Estados Unidos y a mediano y largo plazo va a tener varios efectos matizados por la educación que estos jóvenes reciban en algunos contraproducente, en otros muy positiva.

EL EJERCITO MEXICANO DIVIDIDO EN TRES FRENTES, PERO DETERMINADO Y UNIDO CON LOPEZ OBRADOR PARA LLENAR LAS PRISIONES DE POLITICOS CORRUPTOS.

El autor de este libro goza de ir a los restaurantes, pero especialmente mexicanos para acatar la calidad de los platillos y gustar del que más auténtico sea. Restaurante Frontera, ubicado en la calle State Bridge, Johns Creek, Georgia. "Le falta algo señor", no gracias, y hago la clásica pregunta: ¿de qué parte de México eres?: "Del estado de México" contesta el joven hombre con corte de pelo tipo militar", y que por su forma de vestir y de hablar, le comento: Me imagino que tienes poco tiempo aquí. A lo que el joven contesta que sí, y por su tipo le dije, fuiste soldado, se queda callado por unos segundos y me contesta que sí.

Le digo se te nota en muchas cosas la disciplina castrense, si usted sabe algo difícil con el narco... Usted de que parte de México es.... Yo de Acámbaro Guanajuato, "la tierra de Fox", a lo que le conteste, no Vicente Fox, nació en Cincinnati, Ohio. "anduvimos cuidando unos ranchos de Martha Sahagún allá por Celaya, que se los querían invadir, pero todo fue confidencial, y parece ser que ella también se los quito con trampas a alguien más.... Por ello me salí del Ejército Mexicano, nos traían cuidando ranchos y casonas y las familias de los políticos, y nada de cuidar al pueblo, hay mucho soldado en contra de eso, pero no tenemos alternativa y nadie se da cuenta pues nos quitan el uniforme y andar de pilmamas; pues en el Ejercito hay tres partes, la de los jefes, viejos militares que piensan conforme al sistema unos muy apegados a los políticos principalmente priistas; la de los corruptos que extorsionan y controlan narcos, pero estos reportan a los primeros; y la de los soldados rasos que estamos hasta la madre de todo, que si somos el ejercito del pueblo y que se lo vamos a demostrar a esos cabrones, que nos tienen hasta la madre, PRI y PAN principalmente que se han coludido con la pinche alternancia para seguir jodiendo al pueblo, para eso estamos con Andrés Manuel López Obrador, ya desde el gobierno de Fox nos las olíamos de que algo andaba mal, y así fue, el PAN resulto ser la misma mierda pintada de azul, dijo el ex soldado con 10 años de servicio.

Pero ya no somos los soldados, solamente, el famoso y polémico PEJE, ante el fracaso de su plantón en el Zócalo, cambio de estrategia, ahora se alió con militares, retirados, activos y desertores el plan tiene nombre: "Renacimiento", y así como en las matanzas del 68, la del 2 de Octubre, se han deshecho de los líderes y "revoltosos" como ellos dicen así tienen planeado en un toque de queda de dos días, e inesperado despojar a los políticos corruptos y sus familias de propiedades, congelar cuentas, y someter al país, peor que en Venezuela y los fusilamientos clandestinos de los hermanos Castro en Cuba, los que andan con López Obrador, son militares de lo más sanguinarios que ha habido en el ejército, gente que estuvo de civil en las matanzas de campesinos y estudiantes y que según ellos estaban en contra de tales acciones, y que "solo recibíamos órdenes, nos vestían de civiles y nos mandaban a matar al pueblo", ahora quieren curarse el cargo de consciencia y se han puesto a las órdenes de López Obrador, por la razón de que ellos saben dentro del sistema político, quienes son las personas que están para ordenar tales sangrientos operativos. "En México un asesino pisa la cárcel por horas solo para que se vean en la prensa, y maquillar la aparente justicia, pero cuando los necesitan, les cambian de identidad, los ponen en la nutrida nómina del magisterio y a "cumplir órdenes", por ellos son por los que López Obrador va a ir en sus primeros días de Gobierno para que ese "Renacimiento" de Justicia quede presente en todos los mexicanos y recuperen la fe perdida", dice el exsoldado con especialidad de francotirador.

LOS SOLDADOS LO SENTIMOS MAS QUE EL PUEBLO, VER ESAS INJUSTICIAS Y RIQUEZA MAL HABIDA...

En algún lugar de Oaxaca. - "ya no es un movimiento guerrillero, pues eso no funciona", dice un exingeniero Militar con 25 años de experiencia dentro del Ejército bajo el mando de secretarios de la defensa nacional. Tenemos mapas que el gobierno siempre mantiene vigentes para apagar cualquier foco de violencia, ahora eso ya no funciona, no se va a disparar una sola bala, tenemos integradas redes que desactivaran los sistemas de Gobernación, y las comunicaciones de todas las regiones militares y de la marina, pero esto no lo vayas a publicar mi cuate, usted es mi conocido, y en Durango yo le di acceso a mi batallón cuando fue la toma de la plaza Cuarto Centenario que los panistas incendiaron las puertas del Congreso, liderados por "el Negro" Rodolfo Elizondo Torres", comimos juntos y ante mi frustración le dije a Usted como los narcos estaban infiltrando el gobierno y el ejército y usted me la publicó en páginas interiores de El Norte, me costó 16 semanas acuartelado en las celdas que hay bajo tierra en el Campo Militar Marte, ahora ya no me importa, pues le dije la verdad y usted hizo su deber de periodista y lo público. Pero aguas porque en el Campo Marte me dijeron que ese muchachito de El Norte, no solo me había mandado ahí a mí, también mando a 18 guardias del Estado Mayor Presidencial bajo 20 semanas de arresto porque tomo fotos el Presidente Miguel de la Madrid Hurtado fumando cigarros importados "Merit" en una comida con empresarios en Monterrey".

Usted pertenece a esa época de cambio liderada por Junco de la Vega, en la que honestamente El Norte, (periódico de mayor circulación en el noreste de México y sur de Teas) acabo con "el carro completo"; fue desmantelando los fraudes de la alquimia electoral de la cual los secretarios de la defensa nacional eran autores en gran parte; usted y sus pinches jefes fueron muy odiados por los militares, pero a la vez muy respetados por eso te doy esta entrevista en la que te dejare publicar todo si no me sacas fotos de los equipos scramblers con los que debilitaremos señales de radio en varias bandas, e incluso de estaciones comerciales de radio y televisión para en elecciones libres que la gente escuche la verdad y se deje de manipuleos. Todo con estrategia, equipos traídos de China, pues son en este momento los que contrabandean todo a México: armas municiones, componentes de las drogas más populares, como opioide, etcétera. Yo como exmilitar te puedo decir que en el gobierno de Vicente Fox empezó todo, los de aduanas decían que se les bautizaran los contenedores que no debían revisar, y pasaba todo hasta tráfico humano, los chinos hacen mucho trabajo sucio contra los Estados Unidos vía México,

Andrés Manuel López Obrador ahora se ha rodeado de intelectuales, empresarios que no dan la cara, militares, muchos militares, bien preparados como los tiene el gobierno oficialista, para controlar al país completo en caso de una emergencia, y gente que ni te imaginas que los ves con Pena Nieto y están listos para dar la pista para apresarlo con todo y familia y requisar la casa blanca y todo el sequito de contratistas corruptos. Michjoacan y Guerrero han sido un laboratorio del oficialismo para mantener el control, el movimiento de Ayotzinapa fue muy triste pero ha servido para captar fondos a nivel mundial y el apoyo de organizaciones internacionales que estarán presentes con el pueblo de México en el 2018, las cuales serán el laboratorio de Donal Trump en su ambicioso plan de dominar México, ese México del que se quiere distanciar con un muro pero del que quiere vaciar de recursos minerales, y logística energética. (nota del autor, cabe recalcar que como experto de bienes y raíces, Donald Trump cuando quiere

DONALD TRUMP ENDORSE THE CORRUPTION AND MURDER OF DRUG CARTELLS IN MEXICO.

apoderarse de algo, primero lo critica y lo minimiza para bajar y reducir la atención (Ted Turner lo hizo, cuando quería comprar el Omni, donde ubico su centro mundial de noticias para CNN, en el lugar había una pista de hielo para equipar restaurantes, lleno de pandilleros que

alejaban a la gente, luego hubo un asesinato y con ello la propiedad bajo tremendamente de precio y ahí fue donde la compro)- esa es la estrategia de muchos poderosos, primero intentan ofrecer lo que se les antoja, si el precio no les parece, mandan devaluarla con actos vandálicos. Eso es precisamente lo que Donald Trump quiere hacer con México por ello nos han venido vandalizando, y desde entonces algunos medios han tomado una línea contra México y los mexicanos en la que nos quieren hacer una imagen que no tenemos.

A book belongs to the readers mind.

Como referencia, el diario Atlanta Journal Constitution siempre que pasa una historia negativa en la comunidad mexicana, le dan hasta la portada, para generarnos una imagen de rechazo ante los anglosajones, más en cambio NUNCA HAN PUBLICADO QUE GRACIAS A LA MANO DE OBRA INMIGRANTE, ESTA CIUDAD DE ATLANTA ESTUVO LISTA CON LAS VENIAS OLIMPICAS EN SU PORTADA.

No me extraña que el Mundo Hispano, del grupo COX este a la venta. Pues aparte de un pésimo formato, mala redacción y ortografía, sus ejecutivos no saben ni entienden lo que significa ser inmigrante,

Mundo Hispánico fue mejor semanario cuando estuvo en manos de la Iglesia Católica; luego fue adquirido por 10 mil dólares por Lino Domínguez y su esposa Carola Reuben, quienes hicieron un trabajo muy profesional y objetivo.

El único conflicto que tuvieron fue que cuando un sacerdote aparentemente falleció de SIDA, la iglesia católica veto el semanario en todas las actividades para los hispanos. El periódico se sostuvo progresivamente, tenia menos anuncios de negocios que lavan dinero, como salas de masajes. Cuando el grupo COX Media adquiere el semanario, tratan de enriquecerse saturándolo de anuncios de todo tipo, sin importarles la decensia de las familias que lo leen, Se dedicaron totalmente a enfocar las noticias en acontecimientos policiacos y crímenes, lo cual les fallo, porque la mayoría de los hispanos en Atlanta son familias que se dedican a trabajar, es una minoría la que se dedica al crimen y al vicio.

A mediados del 2018 Grupo Cox Media anuncia la venta del semanario. No dicen los motivos pero es evidente:

En el 2020 Atlanta se prepara para el Super Bowl, (super tazón) y este diario para nada hace reconocimiento al esfuerzo esclavizado de sol a sol y el mal pago por los arduos trabajos a los mexicanos. De hecho, es una de las peores empresas para trabajar, el autor de este libro vivió en carne propia la discriminación de la empresa COX, donde quieren profesionales a bajo costo. Además, sus publicaciones en español son una basura que solo promueven la prostitución tipificándonos a todos los latinos con ello en una categoría que no merecemos. Mundo Hispánico se lava las manos diciendo que la culpa de los anuncios es la creatividad de la agencia de publicidad que contratan, mientras que el diseñador mexicano que los hace de primer nombre Marco, atribuye a que "así me los piden".

(Nota del autor: por respeto a mis lectores edite los improperios, solo deje la información y aunque no estoy de acuerdo con el movimiento de Morena, por ello denuncio su estrategia porque al final de todo terminan perjudicando al país, más que el PRI O PAN, pues no quiero ver de México un Venezuela o Cuba. Se puede mantener una relación

301

negociada con Estados Unidos, sin humillarnos, ni hincarnos ante la dominancia Trump pretende con sus humillaciones.) Pero no tiene la culpa el presidente sino los medios que se arrodillan ante él, que sin ninguna objetividad humillan al latino como la cadena Cox Media Group que en sus medios en primera plana de sus ediciones en ingles prefiere exhibir a los mexicanos como los criminales más peligrosos, mientras en su semanario en español vende prostitución y trata ilegalmente pues al no publicar la ubicación de las salas de masajes, encubre la trata, y actividades sexuales fácilmente.

RAMON ALBERTO GARZA DEMANDA A HERMANOS JUNCO DE LA VEGA POR VENTA DE INFOSEL.

Pedro Cámara, director del equipo de Alejandro Junco, encargado de Mural, periódico de Guadalajara, es hermético en cuanto al tema y reconoce que en cuanto al enojo que hizo renunciar a Ramón Alberto Garza fue por la venta de Infosel al grupo Terra y porque esperaba su comisión integra del 10%.

AJDV vende Infosel en 200 millones de dólares y le corresponde un 10% a Ricardo y el mismo porcentaje a Ramón, consumada la venta le da 7 millones a cada uno bajo la consigna de que luego les daría otros 13 millones en divididos en porciones anuales. Ramón no está de acuerdo y lo demanda y la gana y les quita los 20 millones lo cual provoca el rompimiento y salida de Ramón Alberto, quien también reclamaba una parte de la propiedad de los insertos semanales, Sierra Madre, La Silla y Cumbres.

Ricardo Junco, quien acepto su parte le comenta a Alejandro Junco de la Vega, que esta situación ya la veía venir, por la ambición de Ramón Alberto Garza, quien no se conforma con nada en materia de dinero. (Demandó a todos sus empleadores, (Grupo Reforma; Televisa; El Universal) para obtener sumas millonarias) Pero Información da Poder y como Ramón Alberto les sabe muchas cosas a los hermanos Junco, (NOTA DEL AUTOR: en el extranjero Ramón Alberto prepara la redacción y publicación de su libro en el que desenmascarara a la familia Junco de la Vega, pero tendrá que publicarlo en otro país, y llevarlo a México por contrabando hormiga, debido a que en los documentos que firmo tras negociar la demanda, al recibir los 20 millones de dólares, se compromete a no mencionar nada de lo que vio en sus 28 años de vida laboral con Editora El Sol, Periódico El Norte).

El Ramon Alberto objetivo que todos conocemos empaña su imagen cuando decide ponerse al servicio de Carlos Salinas de Gortari para escanear a Martha Sahagún de Fox e iniciar juego de retoricas rimbombantes en las columnas de Reforma para encumbrar a Diego Fernández de Cevallos y utilizarlo de títere del sistema como "El Jefe Diego" delegándole esa fortaleza política de "dinosaurio" para que el PRI pueda fácilmente seguir operando y regresar triunfante tras la "alternancia". Todo es un juego bien maniobrado por el maquiavélico Carlos Salinas de Gortari, quien aún sigue "presidiendo México" con su política moderna y sin mancharse las manos.

Cuando Ramon escriba sus memorias tendrá que ser muy hipócrita porque nunca va a reconocer que recibía órdenes de Salinas de Gortari desde que era Secretario de Programación y Presupuesto, por medio de la ahora senadora, Marcela Guerra. Una chica que empezó a colaborar en la edición Sierra Madre de El Norte, con una columna intitulada "Los Hermanos Macana", en la que también participo Gilberto Marcos entre otros resonados nombres en la sociedad regiomontana.

Alejandro y Rodolfo se percataron de la influencia salinista en las tendencias de Ramon Alberto Garza García, pero no hicieron nada porque les interesaba el apoyo político para el lanzamiento de sus otros diarios, especialmente Reforma en la ciudad de México.

El Grupo Reforma es un negocio como todos, jamás la familia Junco de la Vega va a comprometer sus inversiones en la industria editorial por la libertad de expresión. Todo el juego político de informar la verdad es para distraer a los grupos de opinión y a los lideres, pero jamás para orientar a toda la opinión publica unificada a lograr la democracia, porque entonces si se les acaba el negocio a muchos medios masivos, que sacan millonadas de la propaganda política que se factura al triple del costo de cualquier anuncio normal.

Ese negocio de dar de alta a todos los empleados con el salario mínimo y luego pagar menos impuestos.

Se volvió de Moda, dar de alta en Hacienda y el Seguro Social a profesionistas con el salario mínimo para pagar menos impuestos y reducir liquidaciones en el momento de los despidos. Una práctica que vi en El Norte de Monterrey, a todos nos daban una compensación aparte llamada "los puntos" además nos pagaban aparte las fotos, pero nos descontaban las cámaras fotográficas que ahí mismo nos vendían a precio de tienda.

Además, que no me gusto pues en 1984 y 85 no hubo reparto de utilidades para los empleados porque había que pagar la construcción de la nueva redacción.

A book belongs to the readers mind.

Con esas derogaciones un tanto abusivas fui convenciéndome que el Grupo Reforma es un negocio redondo para la familia Junco de la Vega, pero no para quienes arriesgamos la vida, en las pesadas y frías noches en vela, en las barandillas de la Policía Judicial o ambulancias de la Cruz Verde, esperando la nota exclusiva, que les vendía muchos ejemplares. Esa fue la mejor lección del periodismo mexicano, no hay ética, ni principios, todo es haber quién gana más dinero vendiendo ejemplares

y consecuentemente anuncio.

Weekley Review EL NORTE NEW YORK TIMES Edición bilingüe publicada cada lunes en ambos diarios.

Mis amigos me hicieron reaccionar: Ana Cecilia del Campo Rodríguez: ¿para que ando contigo?, no tiene caso, ¿un día quedas muerto de un balazo como tantos periodistas, y quien le daríamos de comer a nuestros hijos? Esto no es una profesión en México, porque ni los lectores defienden la verdad, a todos les vale.

Andrés Martínez Bremer: Mira Frank tu aquí a las 3 de la mañana esperando la nota, y los Junco de la Vega allá durmiendo a gusto o viajando en aviones privados, pagados con tu sudor. Ellos a todo lujo y ustedes, "los obreros de la información" jodidos, malcomidos, mal dormidos, y no tienen ni para pagar una casa, o un carro digno.

A book belongs to the readers mind.

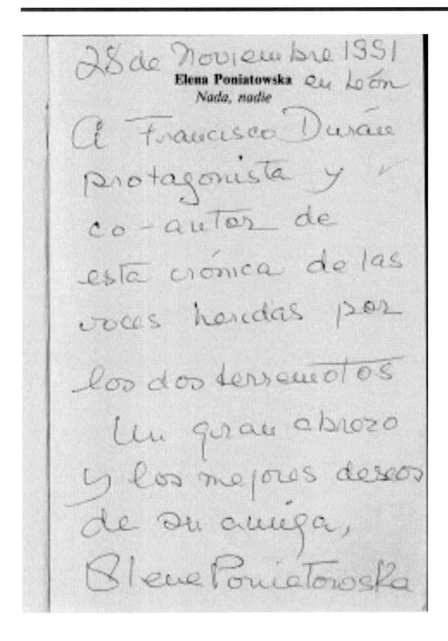

28 de Noviembre 1991

Elena Poniatowska en León
Nada, nadie

A Francisco Durán
protagonista y
co-autor de
esta crónica de las
voces heridas por
los dos terremotos
Un gran abrazo
y los mejores deseos
de su amiga,
Elena Poniatowska

DONALD TRUMP ENDORSE THE CORRUPTION AND MURDER OF DRUG CARTELLS IN MEXICO.

José Napoleón Duarte, Presidente de El Salvador, se quejó de que México le había otorgado la Condecoración Águila Azteca, meses después asilaron a guerrilleros de los frentes Farabundo Martí para la Liberación Nacional y Frente Democrático Revolucionario.

Francisco Duran Rosillo, (segundo de izq. a der.) con Manuel Galván, quien luego de una carrera gris como subdirector de El Norte, se

hizo compadre de Armando Fuentes Aguirre, Catón.

En El Norte de Monterrey, Manuel Galván se dedicó a hacer negocios con el Rey de los Casinos Jorge Rojas. Aparte de sus cigarrillos, que casi fumaba uno tras otro a los periodistas con quienes más convivía eran Eduardo Campos, Roldan Trujillo, dado su interés en la política local. Así y fue formando grupos y estrategias, que, a su salida forzada de El Grupo Reforma, se asoció con el kingmaker de los casinos en México, Jorge Rojas, quien como dijo Ramón Alberto Garza, protegen los bancos negros del lavado de dinero.

Manuel Galván abrió dos casinos en Monterrey, con el apoyo de Jorge Rojas, luego forzosamente se retiró del negocio y concluyo su sociedad con el rey de los casinos. Tras este fracaso, quien fuera director editorial del Diario de Monterrey, y contratado por Ramon Alberto Garza, por su facilidad para poner titulares atractivos a las noticias, desapareció de la escena en Monterrey, su gran amigo, el periodista Vico Canales en una plática me confirmo no saber nada de Manuel Galván en los últimos años.

Aunque Manuel Galván se portó muy bien conmigo como reportero, siempre les reclame que me incomodaba que no reconocían el talento de los reporteros y nos imponían jefes que venían de otros medios. La estrategia tenía sentido, tan pronto Junco de la Vega y Ramon Alberto Garza veían que alguien sobresale en otro periódico lo contrataban y ese fue el caso con Manuel que usaba titulares que vendían muchos periódicos vespertinos con El Extra (vespertino de Milenio Diario).

Cuando   México   empezó   a   ay

udar a las guerrillas de El Salvador, Francisco M. Duran Rosillo, hizo un gran esfuerzo por encontrar los lideres viviendo y operando desde la clandestinidad, Shafick Handal; Jorge Villacorta; El Pollo Samayoa.

De igual forma paso con los lideres sandinistas cuando el derrocamiento de la dinastía de Anastasio Somoza. México fue país clave durante la Revolución Sandinista que derroco 40 años de dinastía de la familia de Anastasio Somoza.

CNN Español pierde rating; Cynthia Hudson Fernández relega talento de mexicanos y colombianos.

Al autor de este libro colaboro con Michael Hessing, productor ejecutivo en hacer los promocionales para el lanzamiento de CNN en español. Fue un proyecto forzado porque a Carlos Diaz, Presidente de Turner Internacional, John Petrovick no le quería dar presupuesto para hacerlo. Empezaron pagando sueldos muy bajos y para poder llenar las 24 horas de transmisión, los 7 días de la semana se tenían que repetir dos y hasta cada hora un segmento.

El problema es que pocos clientes se anuncian en los noticiarios, solo aquellos de productos que se venden en la región de Latinoamérica y ellos imponen sus tarifas. Los infomerciales pagaban dos millones de dólares, pero le han quitado mucha audiencia al canal de noticias. Pero, no hubo otra opción de aceptar la propuesta de dos millones de dólares al año y pasar infomerciales en todas las ventanas del día. (actualmente los infomerciales abaratan la calidad de los canales por anunciar productos chatarra y por ser tan largos). Pero como dijo Carlos A. en una junta, "no nos queda otra opción tenemos que aceptarlos porque los canales de Turner no se sostienen solos ni con la publicidad política, ni con lo que paga el cable operador".

El canal no ha logrado ser independiente, subsiste por material mal traducido de los canales en inglés, y por subsidios de gobiernos de Latinoamérica que compran publicidad a manera de noticia.

Rolando Santos fue el primer vicepresidente y el primer fracaso de CNN en español porque no era perfectamente bilingüe, su cultura era completamente chicana, o sea no tenía bien formadas, lingüística y normativamente sus bases mexicanas, y pensaba que con saber un poco de bromas cantinflescas iba a poder llevar un canal de tal importancia. El resultado fue inmediato el canal fracaso, pero él seguía culpando a los empleados y a la falta de más recursos. Como estaba bajo contrato y no lo podían despedir. Pero como la empresa Time Warner es muy habilidosa para vender publicidad a los gobiernos tercermundistas a precio de primer mundo, tras ganar la elección presidencial, Sebastián Piñera vende su canal Chilevisión, pero dentro de los arreglos confidenciales la venta se convierte en una sociedad con Time Warner, queda como socio el mandatario en la clandestinidad, y pasan a formar CNN Chile, del cual queda a cargo Rolando Santos. Básicamente CNN Chile es un proyecto piloto para Time Warner verificar si les conviene descentralizar CNN en español de su señal Pan Regional, Argentina, México y hacer sociedades con los grupos empresariales de los países y hacer CNN México hasta la Argentina y dejar CNN en español en Miami para surtir noticias internacionales y dejarlo como un servicio doméstico para los Estados Unidos. Pero cuando se hizo el proyecto de Chile, a Televisa y el Grupo Clarín no les pareció la idea y de inmediato no solo respondieron que no, sino que boicotean la señal de CNN en ambos idiomas.

CHRIS CROMMET PEOR QUE ROLANDO SANTOS

Si Rolando Santos no incremento el rating ni en Estados Unidos y Latinoamérica para CNN en español, e hizo del proyecto de Chile un fracaso, al poner a Chris Crommet como VP de CNN en Español, la transmisión tuvo muchos problemas en materia de contenidos, dado que cubanos y boricuas que redactaban no tenían una percepción clara de los acontecimientos especialmente políticos para LATAM. Chris Crommet empieza a comprar servicios noticiosos de México pensando que resolvería el problema, pero no fue así.

Las presiones seguían porque pensaba que redactar una noticia era como hacer un reporte para una agencia de espionaje, en su desesperación por el pobre manejo que le daba a la redacción y presentación de noticias, Chris Crommet tiene la idea de ofrecerle a Time Warner un paquete de medidas que bajaran costo de operaciones de CNN a mediano y largo plazo. Empieza a despedir gente, algunos de ellos valiosos. Luego cita en una sala de conferencias a todo el personal de CNN en español pone guardias de seguridad armados en las puertas, y les pide a todos los empleados que firmaran el documento que estaba en la silla, lo cual era la renuncia de cada uno. Les pide que cuando lo entreguen firmada, les dará su nuevo contrato con fecha de ese día, el problema es que había redactores y traductores como Kevin Gallagher, Alfredo Duarte, que tenían caso 14 años con la empresa, y al firmar perderían (severance package) su fondo de despido. La escena fue tan triste porque tomo a todos por sorpresa, y gente que había trabajado hasta tiempo extra sin ser compensado, se sintieron sin derechos.

LUCIA NAVARRO BUENA PRESENTADORA MEXICANA, LE FALTO SIMPATIZARLE A LA CUBANA.

Cuando le mande un mensaje a Cynthia Hudson Fernández, presentando a mi colega y amiga, Lucia Navarro, me dijo, buena idea Francisco ya alguien más me la había recomendado.

Lucia dejo su puesto de corresponsal en México para Univision y así tomar la posición de presentadora en CÑN en español, tenía sus dudas y emociones, pero le deseamos un en hora buena. (Lucia Navarro, quien ha escalado de manera árdua una carrera profesional iniciando en la radio en un programa matutino con Antonio de Mendieta; Locutora de "Buenos Dias" al lado de Gilberto Marcos en Televisa Monterrey; Locutora en Telemundo Houston, de donde fue promovida a Locutora principal en Telemundo Los Ángeles; luego de su embarazo acepto la posición de periodista investigadora para Aquí y Ahora en Univision).

Al dejar un puesto con futuro en Univision, renunciando con la debida anticipación, llego a su periodo de pruebas en CÑN, al principio todo bien en el programa matutino, "Café CÑN" con el argentino Carlos Montero y la venezolana Alejandra Oraá.

Posteriormente al mostrar sus credenciales y experiencia al aire, Lucia sobresalio demasiado debido a que era quien hacia las entrevistas y traducciones del inglés al español y además ya traía una agenda de temas y contactos que ni Carlos Montero ni Alejandra Oraá, tenían. Al verse opacados al aire, ambos presentadores empezaron a boicotear a Lucia Navarro.

Lucia noto el cambio en muchos miembros del equipo de presentadores, pero ella solamente ignoro y siguió trabajando duro.

La gracia de Carlos Montero es que su padre fue un locutor conocido en Buenos Aires, pero no tenía ninguna otra credencial, Alejandra Oraá, venia de la Mega TV donde era de las incondicionales de Cynthia Hudson Fernández, al igual que Fernando del Rincón, quien quedo como indeseable en el mercado de la Televisión en español, por supuestamente atacar a su esposa, Carmen Dominicci. (no me toca hablar de temas maritales debido a que nadie estuvo ahí y nadie sabe quién tiene la razón). Menciono la referencia, porque Fernando del Rincón viene de la televisión en Monterrey, justo en esos meses, Alberto Padilla, había sido despedido por Cynthia Hudson, tras 14 años como presentador de Economía y Finanzas del cual no fue el mejor, pero tampoco hizo un mal papel.

DONALD TRUMP ENDORSE THE CORRUPTION AND MURDER OF DRUG CARTELLS IN MEXICO.

Alberto Padilla se sintió traicionado dado que ni JC, ni ningún otro ejecutivo lo apoyaron, cuando se dio el cierre de CNN Latino. Alberto Padilla, utilizo todo el millaje que tenía en las aerolíneas para viajar a lo largo de las capitales de Latino América y dar detalles de las razones políticas que lo generaron.

Jeff Zucker, Presidente de CNN nunca fue enterado de que se abriría la franquicia CNN Latino, en la cual tendría como socios a un par de banqueros que aparentemente tenían cuentas con la Justicia en ese país.

Las autoras del proyecto fueron un grupo de mujeres encabezadas por Cynthia Hudson Fernández, y Kelly Regal, quien la defendió a grado tal de que la escondió unos días en Buenos Aires, mientras se le pasaba el coraje a Jeff Zucker. Lo cual así fue, CNN es una empresa mundial y con tantos problemas, que vienen uno tras otro y los que no se resuelven se estancan en el olvido y ahí quedan.

Pero lo que, si no se le olvido a Cynthia Hudson Fernández, es que Alberto Padilla, quien es su acérrimo enemigo, según lo deja notar Alberto Padilla en las entrevistas, es de Monterrey, de donde viene Lucia, lo cual sirvió mucho de argumento para que la vice-presidenta de CÑN se saliera nuevamente con la suya, y tras una intensa campaña de especulaciones como es costumbre de la implacable mujer, despidió a Lucia Navarro. Ignorando que Carlos Montero y Alejandra Oraá le había hecho muchas cosas para hacerla quedar en mal: por ejemplo, ambos se iban a CNN Radio a dar entrevistas, pero nunca invitaban a su compañera regiomontana.

(Nota del autor, yo que fui fundador de varios canales en español de la cadena Turner Broadcasting System, veo que los argentinos llegan a la empresa, sin saber hablar inglés, sin saber conducir un automóvil, no tienen idea de que Monterrey es una Gran Capital Industrial, y quieren ningunear a los mexicanos.)

Cuando Abel Dimand estuvo a cargo de CNN en español fue más balanceado, debido a que el periodista había vivido en la ciudad de México. Los problemas iniciaron con la llegada del chicano Rolando Santos, que, por ignorancia de no conocer la cultura mexicana, dejo que argentinos, cubanos y colombianos dejaran imponer sus prejuicios equivocados. Al llegar Chris Crommet como presidente, también por ignorancia, este boricua, deja que las discrepancias sigan y se arraiguen ante la llegada de la cubana, Cynthia Hudson Fernández, quien es una inepta, atorrante, por la cual dejo su puesto como locutora principal la periodista, señora Patricia Janiot.

Desde que Hudson Fernández tomo las riendas de CNN en español, el canal no solo ha sobre gastado dinero, sino que además ha arriesgado mucho y puesto en ridículo el prestigio noticioso de la empresa.

DONALD TRUMP ENDORSE THE CORRUPTION AND MURDER OF DRUG CARTELLS IN MEXICO.

CARLOS A., JAVIER S Y JC EN UN FELIZ RETIRO MIENTRAS UN MEXICANO ACABA CON SU VIDA EN PRISION FEDERAL.

Cuando se abrió CNN-Reforma Finanzas México, se empezó con un gran entusiasmo, le agradezco a Louis Sams, Directora Legal y Kelly Regal de Corporate Human Resources, me escucharon cuando les hable del Prestigio de Alejandro y Rodolfo Junco de la Vega.

CNN En español se había lanzado, fue un proyecto al que le inyecto mucho entusiasmo, el Vicepresidente para LATAM de TBS International, el puertorriqueño Carlos Dias. Al Ted Turner aprobar 50 millones de dólares para el lanzamiento, (el autor de este libro hizo las entrevistas para el lanzamiento al lado del Productor Ejecutivo Michael Hessing), todo se había lanzado conforme a las expectativas, pero había algo que faltaba, estábamos compitiendo con el Grupo Clarín en Argentina; con VTR de Chile; Televisa, compañías que además de ser fuertes televisoras, tenían su corporativos de radio, prensa y cable. Los hermanos Junco de la Vega habían lanzado con muchos ataques oficialistas su diario de circulación nacional Reforma, y dado el éxito del diario padre de ese corporativo EL NORTE DE MONTERREY, el centralismo se oponía a que saliera a la circulación un periódico de libre expresión.

A book belongs to the readers mind.

Era el momento como que se necesitaban mutuamente Carlos Diaz toma la iniciativa y le pide a Louis Sams del Departamento Legal analice la posibilidad de hacer un programa llamado CNN Reforma Negocios México.

Se organiza una reunión de alto nivel, en la suntuosa mansión de Alejandro Junco de la Vega en Texas. Tras discutir algunos acuerdos ambos grupos decidieron que no les interesaba el dinero de las ganancias, sino que hicieron un acuerdo "barter" o sea como un intercambio de poderes, Reforma compartía sus columnistas a la audiencia de CÑN y la televisora le daba exposición nacional al diario. (solo se hizo en la ventana satelital del footprint que va a territorio azteca para probar el proyecto, ya que si no daba resultado, como fue, no daban de que hablar a las otras televisoras de LATAM).

El programa se producía en la redacción del diario Reforma y Fabrizio Tapia contrato un grupo de exatecs que organizaran la postproducción y transmisión del programa.

En el momento en que se empezaron a censurar mutuamente, a los hermanos Junco se les hizo poco serio la manera tan viva en que la CNN quería manipular puntos de vista y comentarios. Es obvio que, si CNN le pide al grupo Reforma producir un programa enfocado en negocios, es porque el contenido periodístico de los columnistas mexicanos se le hacía maduro, además que la televisora estaba urgida de levantar el rating porque en sus todos sus intentos no habían podido superar las expectativas de audiencia y ganancias.

Luego de intentos fallidos por incrementar la audiencia y la desgastada credibilidad, los ejecutivos de Turner Broadcasting System obedecieron a un grupo de panistas en el poder y compraron la revista Expansión, bajo el argumento de "que la leen los que deciden en este país". Tras varios años de haber ejecutado la transacción y de llamarla EXPANSION CNN, la revista perdió circulación y tuvieron que cambiarle el nombre: "EXPANSION EN ALIANZA CON CNN". Tras este tropiezo y ver que el programa CNN REFORMA Negocios México fue un rotundo fracaso, (y como el autor de este libro visualiza la situación, pues Francisco M. Durán Rosillo, trabajo 8 años en el Periódico El Norte, e Infosel, y 16 en Turner Broadcasting System resume tal negociación de la siguiente manera: DOS AGUJAS NO SE PICAN, tanto los Junco de la Vega como Louis Sams, Jeff Zucker buscaban de esta alianza subir la audiencia y tener mejores ganancias, y hubo mucho conflicto de intereses por parte de la cadena Turner Principalmente, que están decesos del dinero, porque luego de sus buenas épocas en los 80's y 90's, han tenido un declive del cual no se han podido librar.)

Cuando trabajé para Turner Broadcasting System propuse a los ejecutivos de la cadena que basaran su línea editorial en respetar dos principios fundamentales: la Democracia y la Justicia, y JAMAS se ocuparon, más bien le hacían reportajes pagados a Vicente Fox y se quedaban muy orgullosos porque a los reporteros les invitaba unas enchiladas en el restaurante de su rancho.

Al cancelarse el proyecto CNN logro un contrato publicitario con la Presidencia de Vicente Fox, en el que le daban cobertura en español y una nota positiva en los canales en Ingles, por 20 millones de dólares al año, más dos millones de dólares por cada evento especial que se cubriera.

Todo esto pasaba mientras un equipo de tres jóvenes, Luis E., Mauricio, Enrique Heredia, que colaboraban en el proyecto, Negocios México se quedaban sin trabajo, pero Fabrizio  Tapia los invito a trabajar en Atlanta, los dos primeros como técnicos en computación y el ultimo como especialista en finanzas, pues es muy bueno para hacer deducciones fiscales.

Iniciaron sus trabajos entrenándose en redes digitales cuando la empresa empieza a descentralizar todo en Argentina. (El autor de este libro había sido comisionado por Kelly Regal para iniciar labores en Buenos Aires, entrenando programadores de canales con los sistemas utilizados, pero decline de la oferta por la salud de mi esposa). Posteriormente enviaron a Luis E. y Mauricio con Fabrizio Tapia, se restauraron los nuevos edificios para equiparlos con lo último de la tecnología. Paralelamente Lauchi Wooley envió submasters de todas las películas para el canal de películas clásicas, luego JC comento en una noche de domino (ejecutivos de Turner y LAPTV FOX se reunían a jugar domino para hablar de las experiencias y compartir ideas y proyectos) su frustración porque Lauchi Wooley, una empleada de Turner Latinoamérica, nunca se preocupó por documentarse y preguntar las leyes argentinas; Mando el cargamento de 700 videocasetes submasters con las 500 películas clásicas, y quedaron confiscados en la aduana Argentina.

JC nunca pudo con la guerra secreta que había enfrentado personalmente con la familia Kirchner, pues Cristina y su Esposo Néstor, (a quien los chicos y todos los argentinos cuando era presidente le apodaban "El Sapo"). Tenían canales de Televisión que unidos al Grupo Clarín y los prominentes medios del diario La Nación, unen fuerzas a como dé lugar para boicotear los proyectos de la cadena TBS International, que siempre ha querido tener dominancia en la política de esta nación sudamericana.

Gunnar Werner me comento la frustración que no solo resulto en un gran atraso para el lanzamiento del canal, sino que se perdieron millones de dólares no por los casetes y el contenido, sino en multas

A book belongs to the readers mind.

que cuando trataron de negociarlas, hicieron a los ejecutivos de CNN hincarse ante el gobierno Argentino. Tema que supo manipular con mucha astucia la Cristina, para llegar a la presidencia.

CENTRO DE OPERACIONES TURNER A TODO LUJO

Solo con dinero podía impresionar a los argentinos, por tanto, Luis Sams, vicepresidenta del departamento Legal accedió a invertir en la Argentina, para hacer frente a los que los ejecutivos Turner llamaron los "Caprichos de la Cristina", refiriéndose a la presidenta.

Pues el flamboyante vicepresidente de Turner del Cono Sur, Whit Richardson, también ya había hecho demasiadas cosas que estropeaban el manejo legal de los canales. Uno de ellos es que exigió que le mandaran de Atlanta un Porsche del año, "pues como un ejecutivo como yo voy a andar en un auto brasileiro, son unas porquerías", Kelly Regal y Louis Sams le cumplieron el capricho y dos semanas después tenía el automóvil en su lujoso apartamento de Recoleta. (tales caprichos causaron muchos corajes a Carlos A., administrador financiero de Turner Broadcasting, a grado tal de que, en su próximo viaje a Atlanta, Whit Richardson fue detenido en el aeropuerto internacional Jackson Hartsfield, por agentes federales, debido a que durante los años que llevaba en Argentina, no había pagado sus impuestos al IRS sobre los casi $200 000.00 dólares que se le pagaban.

DONALD TRUMP ENDORSE THE CORRUPTION AND MURDER OF DRUG CARTELLS IN MEXICO.

Como en todas partes, siempre hay políticas Karina Paredes quería moverse a Atlanta para estar cerca de su novio Alfonso. Karina Paredes, era la asistente de Whit Richardson en Argentina, y le comento al autor de este libro que, para poder trasladarse a Atlanta, JC le condiciono que le tuviera al tanto de todos los movimientos de Whit Richardson, "principalmente en aquellos donde pueda afectarlo legalmente".

Pero como diría Whit Richardson, con su especial acento en el español comenta: más errores cometió JC al andar como vedette en eventos sin vender un centavo, vendí más yo en la región que mi antecesor, Jim Samples".

Mientras tanto las ampliaciones en el edificio Turner en Palermo, en Buenos Aires, no muy lejos del legendario estadio River Plate, continuaban a todo lujo.

Mauricio y Luis E., no se daban abasto para atender todo, Fabrizio Tapia, tenía chofer porque manejar en Buenos Aires es muy diferente a otras ciudades, (de noche solo usan los cuartos, ellos prenden la luz hasta que llegan a la carretera), debido a que quienes no han manejado un auto en Buenos Aires Capital Federal, (nota del autor, es para volverse locos, los argentinos no respetan los carriles en las calles como que se comen parte del carril contiguo).

A book belongs to the readers mind.

Si algunos americanos critican a algunos mexicanos de que somos tramposos y mentirosos, que conozcan bien a los argentinos pues a todos los niveles hay corrupción y oferta de regalos y sobornos. (al autor de este libro varias veces le intentaron regalar sobornos, que se los envié a Kelly Regal de Recursos Humanos, quien me aclaro, que cada empleado Turner está autorizado a recibir regalos con un tope de 500 a 600 dólares, pero cuando vi que Rick Pérez, recibió una caminadora automatizada con un costo de \$3 000.00 dólares y Betty Riera Laskoe un juego de anillos, pulseras, y collares de oro puro con esmeraldas, traídos especialmente para que ella animara a Rick Pérez y les firmara los contratos millonarios OUT PUT DEAL de dos y cinco millones de dólares al ingeniero Alfredo Andreotti, de Whiland Telefilms. Tales contratos tenían las mismas películas y las fechas de las ventanas estaban empalmadas, la acción más corrupta que he visto en mi carrera de ejecutivo de Televisión.

Cuando pedí una cita con Louis Sams del Departamento Legal para reportar los abusos, Louis Sams me contesto que habían checado todo: "lo de los regalos eran detalles de fechas de cumpleaños y que las fechas de empalme de exhibición de las películas, se iban a corregir". Meses después Alfredo Andreotti, se reunió con Rick Pérez, y le entrego un grueso sobre con 100 000.00 dólares en efectivo por haberle firmado el contrato de cinco millones de dólares, Me le quede viendo a Rick

Pérez a los ojos y solo me dijo acompaña a Alfredo e instálalo en el Four Seasons Hotel y tú pagas con tu tarjeta yo te firmo el invoice. Al regresar con la factura y reportar que todo estaba listo para la firma de contratos al día siguiente (Turner siempre ha tenido la política de que la empresa redacta todos los contratos de compra de bienes y servicios, la empresa nunca acepta un contrato externo). Para justificarse, Rick Pérez, solo me dijo, "Francisco aquí en Turner gano tres cacahuates, necesitaba dinero para la educación de mis hijos".

Las acciones corruptas avanzaban al ritmo de casi concluir el edificio, pero para evitar problemas casi todos eran contratistas externos, uno de ellos le empezó a dar a Mauricio, partidas de 30 y 50 mil dólares en efectivo no solo para que le compraran sus servicios y facturar cantidades que cuadriplicaban los sobornos, sino que además estaban infringiendo leyes de telecomunicaciones de ese país.

En uno de los viajes a Atlanta, Mauricio es llamado a las oficinas de JC en el CNN Center y le dicen: "aquí hay unos señores de la Interpol que quieren hablar contigo, casi lagrimeando Mauricio al ver guardias de seguridad en las puertas, confeso sin que le hicieran una sola pregunta: si recibí poco más de 50 mil dólares en efectivo porque tengo a mi hermano enfermo, según los testigos entrevistados para este libro que pidieron el anonimato y que ante ninguna circunstancia revelara sus nombres porque JC es un mafioso de mucho peligro, que solo supo utilizar enriquecerse usando a la gente sin que él o Carlos A., se mancharan las manos.

La gente de la interpol le pidió a Mauricio que los acompañara y que si les ayudaba a capturar al individuo le iban a rebajar las penas. JC acepto que el empleado ayudara, pero en ese mismo momento tenia un grupo de abogados que hicieron firmar a Mauricio su renuncia inmediata y documentos legales en los que deslindaba a empleados y la empresa Turner Broadcasting Internacional en Argentina, Atlanta y a nivel global, de toda responsabilidad legal que pudiese resultar de esa investigación; que Mauricio, actuó a título personal y que nunca se enteraron sus cercanos colaboradores, como son Luis E. y Fabrizio Tapia.

Una vez firmados los documentos y quedando como único responsable, Mauricio, solo le permitieron despedirse de su familia (JC Urdaneta con ayuda de su asistente Cecilia Del Toro, quien había sido azafata de Delta Airlines, le ayudaron a la esposa conseguir un empleo en el centro de reservaciones de la aerolínea para que tuviera ingresos, Urdaneta pidió a los representantes de la Policía Internacional que operaran confidencialmente el caso, lo cual fe así, nadie se enteró, al Journal Constitution periódico local le aumentaron la tarifa de publicidad otros 160 mil dólares al año para que no mencionaran nada. Lo cual fue así).

DONALD TRUMP ENDORSE THE CORRUPTION AND MURDER OF DRUG CARTELLS IN MEXICO.

Mientras tanto la Interpol le pidió a Mauricio que citara al contratista en los Estados Unidos; con engaños lo pasaron por una frontera y luego lo detuvieron. (el autor se reserva el nombre porque la investigación sigue abierta).

Nota del autor, desde que Urdaneta y Altolfi dijeron que la empresa Turner, "Es un Matriarcado de Miércoles" le perdieron toda la confianza al equipo internacional y fueron despidiendo en grupos a toda la gente, de hecho JC, en su ultima jugada de domino, les dijo "acepte la renuncia porque tenía tanta presión que hasta me estaba afectando mi salud, tengo dos niñas chicas y acepte retirarme aparte no me fue mal con el "Golden parachute" de tres millones de dólares.

Mauricio fue encarcelado tres años confeso de los cargos, no acuso a nadie de la empresa y reconoció actuar solo por temor a las amenazas de Urdaneta que siempre ha procurado tener injerencia en todas las empresas del ramo de la televisión, para hacerle correo negro a quien se le interponga en su camino.

Loria trabaja actualmente en la presidencia Municipal de Campeche, mientras que otros disfrutan de la libertad. Carlos A. y Javier S pasean en motocicleta por todo Georgia buscando locales para abrir 6 franquicias de estéticas, "Super Cuts". La lealtad o el miedo de los mexicanos tiene un valor, el respeto a nuestras familias, mientras que

A book belongs to the readers mind.

otras nacionalidades se confabulan, en mi experiencia profesional siempre he visto que argentinos, cubanos, colombianos y venezolanos, no todos, pero una gran mayoría se amafian para solo manipular y utilizar al mexicano, "al fin que, si hay algún problema, este pibe la paga". Hay excepciones y he conocido venezolanos, Argentinos y muy pocos y contados cubanos y colombianos que no son tramposos y mentirosos, pero cuando el mexicano cae en las manos de esa gente es mejor alejarse, porque a la hora de los problemas manipulan la verdad y ponen al mexicano como lo peor, pero lo cierto es que la nobleza del mexicano no capta la malicia de esa gente que viene a los Estados Unidos dispuestos a pasar por encima de quien sea, mientras que los mexicanos trabajan arduamente, otros buscan negocios sucios para despojarlos de su dinero, como los.

A LOS MEXICANOS SE LES LLAMA ILEGALES, MIENTRAS CUBANOS, VENEZOLANOS SON AYUDADOS; MEXICANOS TAMBIEN HUYEN DE LA OPRESION.

Es muy triste que, desde su campana política, Donald Trump etiqueto a los mexicanos como criminales, y durante su gobierno, están haciendo algunas deportaciones injustas, mientras que gente que obtuvo sus papeles mintiendo a oficiales y jueces de Inmigración, gozan de haber arreglado su situación en los Estados Unidos.

DONALD TRUMP ENDORSE THE CORRUPTION AND MURDER OF DRUG CARTELLS IN MEXICO.

El escritor de este libro hizo una investigación exhaustiva y encontró que nada cambia durante el gobierno de Donald Trump, por el contrario, hay más arbitrariedades de parte de la autoridad migratoria, y el inmigrante que tiene dinero para pagar buenos abogados es el que arregla su situación, mientras que la clase trabajadora está cada vez más relegada.

Aparte como si hubiera una preferencia racial, y las nacionalidades que tienen gente blanca de ojos de color, son mas favorecidas. Mientras que los que son de raza de bronce, (tes morenas) pelo obscuro, tienen mayor dificultad para resolver su situación migratoria.

MEXICO SIRVE DE PLATAFORMA PARA LOS DERECHOS HUMANOS Y ACONTECIMIENTOS QUE CAMBIAN AL MUNDO, PERO MEXICO NO CAMBIA.

Las Olimpiadas México 1968 sirvieron de plataforma para que los atletas afroamericanos de los Estados Unidos mostraran su inconformidad por ser relegados desde los tiempos de la esclavitud.

Los atletas Tommie Smith and John Carlos, uno descalzo, otro con las calcetas negras, y portando un guante negro en la mano empuñaron el saludo de unidad para la gente de la raza negra en los Estados Unidos.

Felipe "el tibio" Muñoz, el único mexicano ganador de medalla de oro en México 68, dice que fue invitado a la casa del Presidente Gustavo Díaz Ordáz y luego de la felicitación oficial por ganar dicha presea, Felipe Muñoz le cuestiono al entonces presidente, qué había pasado con la matanza de Tlatelolco, 10 días antes de iniciar los Juegos Olímpicos, a lo que el mandatario contestó: "Es mejor derramar la gota a que te explote el vaso". Con tal afirmación concluyo la visita.

La referencia histórica de este tema es para demostrar como los políticos mexicanos, de cualquier partido siempre toman decisiones absurdas y desde Tlatelolco, siguieron muchas matanzas que no repito para no perder la moral pensemos en democracia y justicia social para que el cambio verdadero se dé con bases sólidas. México no cambia porque los mexicanos no queremos cambiar, por miedo, por intereses de pertenecer a un grupo político, por muchas razones, pero la principal se debe a que a todos los mexicanos nos gusta el influyentísimo, y no complicarnos con las burocracias que hacen más nítida el ejercicio de la justicia. Las últimas generaciones de abogados no son conocedores de las leyes, más bien se guían por las instancias irregulares que permiten fallos fáciles de resolver con un cómodo pago.

MEXICANOS VICTIMAS DE LA POLITICA SUCIA HUYEN A EU

Miles de los mexicanos que trabajan indocumentados en los Estados Unidos lo hacen porque son acosados por políticos corruptos. Varios

DONALD TRUMP ENDORSE THE CORRUPTION AND MURDER OF DRUG CARTELLS IN MEXICO.

son profesionistas; otros empresarios, otros pertenecieron a la política; al las fuerzas armadas; a las policías federal o estatal; muchos dejaron todo atrás. Recientemente hay otro gremio que acosado por la intimidación y la violencia esta cruzando la frontera hacia el país con la bandera de las barras y las estrellas, son los periodistas, que no han encontrado alternativa en encontrar la verdad, por el contrario, publicarla incomoda a muchos, y, la opinión publica en lugar de protegerlos y defenderlos, se hace indiferente.

El tema se ha hecho polémico porque desde la Comisión Nacional de los Derechos Humanos; Legisladores de ambas cámaras; Empresarios y gente en general dicen de palabra trabajar por proteger la libertad de expresión, lamentablemente en los hechos no existen pruebas fehacientes de que participen de la libertad de expresión, cada vez más desgastada en discursos y sepultada con sus autores, los periodistas.

Un país que no defiende a sus periodistas, no le importa la democracia ni la justicia. Las quejas seguirán mientras los medios mal paguen a sus periodistas, pues la mayoría de los propietarios de los medios son expolíticos o de prestanombres de los funcionarios que buscan ser inmunes a los ataques de sus contrincantes siendo propietarios de un medio de comunicación. O de empresarios que sirven a cierta tendencia política.

En México son muy pocos los medios independientes y los pocos que hay, han tenido que ceder a las presiones oficiales en muchas ocasiones, pues hay muchas herramientas fiscales, legales y violentas de intimidarlos.

ESTAFAN A ALEJANDRO JUNCO DE LA VEGA EN ITALIA

A Alejandro y Rodolfo Junco de la Vega, propietarios del Grupo Reforma, no solo los boicotearon usando la unión de voceadores al lanzar el diario Reforma en la ciudad de México, sino que hasta les han enviado estafadores para engañarlos. En Italia, Alejandro Junco rento un Lamborghini y le robaron los datos de su tarjeta para timarlo con más de $250 000.00.

A Enrique Gómez, propietario de am de León, el entonces gobernador del Estados, Juan Manuel Oliva, uso el Registro Público de la Propiedad para hacerle una jugarreta sucia y apropiarse de unos terrenos adyacentes a las oficinas de la empresa editorial.

A la Directora de la Jornada, que por seguridad omito su nombre, también trataron de hacerle algunas cosas para intimidarla tanto a ella como a su familia.

A los reporteros, editorialistas, locutores y blogueros, que han muerto por defender la verdad, les doy mi mas alto respeto y le pido a las autoridades de los Estados Unidos una visa especial para que sus familias subsistan en el futuro.

DONALD TRUMP ENDORSE THE CORRUPTION AND MURDER OF DRUG CARTELLS IN MEXICO.

MEXICO ES LIDER EN ASESINATOS DE PERIODISTAS; LA MAYORIA IMPUNES; LA VERDAD NO SE SEPULTA.

A más de 40 periodistas han asesinado en los últimos sexenios en diversas zonas del país, quedando mayormente impunes ante la infructuosa impartición de justicia.

México el país con mayoría de periodistas asesinados, mas que en Iraq; Sira, Venezuela y Afganistán combinados.

La nueva Ley de Seguridad que le da al Ejercito el control no solo del país, sino que paulatinamente se podrá ir apoderando impunemente de controlar muchos aspectos esenciales como el control del padrón electoral, los diagnósticos de la población en el sector salud.

En 1946 lo que ahora es el Partido Revolucionario Institucional saco a los militares de dicha institución política para acercarse de manera mas conciliadora a la población, en el 2017, siete décadas después un presidente priista mete al Ejercito a la vida política del país y le entrega poderes que solo las dictaduras ejercen.

No hay que especular con un tema tan serio pero varios militares de carrera abandonaron el Ejercito Mexicano para incorporarse a actividades civiles y de inteligencia que a futuro reforzaran en tales acciones. Si todo va enfocado a acabar con el crimen organizado y proteger la integridad del pueblo y la Constitución, la ley será aplaudible, pero si se distorsiona su uso y cada día los mexicanos pierden mas derechos entonces México dará un retroceso de lustros, aunque exista un nuevo intento de democracia del que aunque nos pinte AMLO un futuro conciliador, todavía el autor de este libro tiene muchas dudas. No es para menos de candidato Andrés Manuel López Obrador y su retorica fueron algo muy diferente a lo que ahora promulga como virtual presidente, (hasta el momento en que se concluyo de escribir este libro en Julio 20 del 2018.

Nada está escrito y serán los "Kingmakers", (hacedores de reyes) personajes manipuladores, muy poderosos en la política) los que traten de seguir manejando las riendas de México, pues para sorpresa de todos, la misma noche en que fue declarado Presidente Virtual, AMLO dejo de utilizar sus términos como la mafia del poder, sepulto los nombres de quienes atacaba en sus discursos que por años lo fortalecieron como oposición pero ahora deja de serlo para un país que esta sediento de ver la nueva democracia con seguridad, anticorrupción y justicia.

A mis lectores les advierto que todavía tengo mis dudas y que he escuchado muchos discursos famosos de presidentes electos, como el de la "Mucha Política; Política Moderna" de Salinas que con su corrupción estremeció al país, y fue quizás el presagio de lo que ahora se vive.

Los "Milenials" ya no se creen de los políticos, mucho menos cuando en sus mensajes de redes sociales cambian en horas los tópicos de opinión, dejando a un lado las campanas de publicidad pagada.

JUAN AGUILERA CID ACABA CARRERA DE GOBERNADOR

No ha ejercido el periodismo mas que como locutor, el verdadero periodista de análisis político es su padre: Juan Aguilera Azpeitia. El entonces Gobernador de Guanajuato, Miguel Márquez Márquez se emociono cuando lo mencionaron como posible contendiente a la Presidencia de la Republica: incremento a su jefe de Prensa y Relaciones Publicas Juan Aguilera Cid, el presupuesto para promoción triplicando la cantidad millonaria, (fuente Zona Franca).

Según Indagaciones del autor de este libro, fue el mismo Juan Aguilera Cid, quien mas que al gobernador, (obedecía a las órdenes de Martha Sahagún), fue quien lo denuncio de manera clandestina por estar en desacuerdo con los excesivos gastos superfluos en propaganda, cuando en el estado de Guanajuato existen otras necesidades prioritarias.

Antes de ser político, Aguilera Cid, hijo de quien por décadas fue columnista de la revista política IMPACTO, Juan Aguilera Azpeitia, es comunicador profesión también, laboro de locutor del canal local de televisión en León teniendo de compañera a Aurora Hernández Farías, quien después se convertiría en su esposa.

A Aguilera Cid le gusta mas la política que el periodismo, y asesorado por su padre, logro meterse en la campana presidencial de Vicente Fox Quezada, asistiendo a Martha Sahagún. Años antes de ello, fue enviado a Bolivia a conocer como se manejan las causas sociales en Bolivia por grupos manejados por Evo Morales, Hugo Chávez, presidentes promotores de ALBA, Alianza Bolivariana.

Aguilera Cid es muy serio pero no le gusta dar la cara, todo el ejercicio de su política es tras bambalinas, cosa que no lo define determinado a participar seriamente para un futuro por los peleados puestos en Guanajuato.

Adolfo Hitler, Benito Mussolini, y varios personajes han perdido porque su gente de confianza los ha traicionado, bueno paralelos a los gastos excesivos para imagen de Miguel Márquez Márquez, era evidente que Aguilera Cid, como Director de Prensa y Relaciones Publicas estaba paralelamente serruchándole el piso al carismático político, quien se percato demasiado tarde transfiriendo a Aguilera Cid al Canal de Televisión del Gobierno de Guanajuato.

Tras una carrera meteórica en un canal local de León, Juan Aguilera Cid empezó como mensajero, luego redactor de boletines en el gobierno de Guanajuato y su carrera tiene un mérito: conoce a las gentes que han sostenido el panismo en el gobierno de Guanajuato y las maniobras claves para mantenerse, entonces es un personaje clave al que no pueden alejar fácilmente por la preponderancia de la información que maneja, y así con el "periodicazo" en el diario digital "Zona Franca" fue como opaco con broche de oro, a Miguel Márquez, y la razón se debe a que el ex-gobernador panista, puede desbandar a Martha Sahagún y otros en el momento en que quiera, por tanto Juan Aguilera Cid, lo traiciono por instrucciones precisas de la "Martha Fox" pues toda la retorica del periodismo que maneja Aguilera Cid, es el de entre líneas, que personalmente no da la cara pero que tiene las piezas claves del ajedrez en jaque. Además de que utilizo ese millonario presupuesto para alegrar a los medios, pues en política la propaganda se factura al triple, y mas que mejorar la imagen de Márquez Márquez hizo su proselitismo para asegurarse un futuro prometedor. Aguilera Cid ya no esta interesado en trabajar en los medios, sino en manipularlos pero no a interés personal, sino que esta buscando las causas sociales de las que tanto gusta. Su familia opera farmacias en León pero este negocio no le gusta al joven funcionario, quien paulatinamente aseguro los apoyos para llegar a una posición de elección popular.

Felipe Pablo Martínez Treviño, Propietario del Grupo Emyco, quien no se considera ni panista ni priista, -(gran socio comercial y político del dueño del grupo Medina Torres y Flexi, el ex-gobernador interino de

Guanajuato, Carlos Medina Plascencia)- . Esta muy pendiente de las acciones de Juan Aguilera Cid porque sabe que la información da poder y aunque no ha tenido cargos importantes en el gobierno de Guanajuato, mas que Prensa y Relaciones Publicas y Director de TV estatal, Aguilera Cid si tuvo mucho acceso a las platicas privadas, a las acciones de censurar y qué tipo de propaganda les convenía manipular. Felipe Pablo Martínez Treviño fue el autor del "periodicazo" en el Wall Street Journal que hizo caer al candidato a gobernador de Guanajuato, Ramon Aguirre Velázquez; luego de poner provisionalmente a su amigo Carlos Medina Plascencia, por un tiempo perdió el control político junto con su periódico CONTACTO, pero al recuperar su fuerza política, Felipe Pablo puso a Juan Manuel Oliva en la gubernatura naciendo aquí un grupo de periodistas que pelean por el control político –(Juan Manuel Oliva- Juan Aguilera Cid)- pero ambos son títeres de los grupos de poder.

Oliva es manejado por empresarios del calzado mientras que Aguilera Cid por Martha Sahagún de Fox.

Guanajuato siempre ha sido el centro de la disputa y negociación política, que Junto con Puebla y Yucatán con una rara alianza con el PRD, ganaron las gubernaturas. Pero esas alianzas que son el resultado de la fracasada alternancia van a terminan mal cuando se hagan las reparticiones políticas. Quien a dos amos sirven con alguno queda mal, en Guanajuato están los empresarios del calzado que empatizan con sus homólogos poblanos y yucatecos. Que son gente que le gusta tener todo el poder, cuando sus socios perredistas empiecen a reclamar negociaciones y puestos, no van a poder mantenerse, pues el PRD esta acabado como lo dijo su fundador Cuauhtémoc Cárdenas Solorzano. Atribuyendo la culpa en gran parte a AMLO.

Pero el circo se esta instalando en los 3 estados y la función apenas va a iniciar, y tales estados serán claves en la administración presidencial, por no cotejar ideas, ni planes. Los 3 estados son muy progresistas y cando AMLO les hable de cortarles partidas presupuestales no les va a gustar, y es ahí precisamente donde las pugnas se incrementaran.

Hay que reconocer que Guanajuato y Puebla principalmente tienen una gran historia política que trasciende a nivel nacional y cuando las alianzas dejen de funcionar, eso podría ser capitalizado por alguien del empresariado inconforme con AMLO.

Desde el fallecimiento de Mario Vázquez Raña la política en Guanajuato tuvo un cambio dado que el ex director del Comité Olímpico Mexicano y presidente de los diarios de la Organización Editorial Mexicana, (los soles), gozaba de privilegios para jubilar a sus empleados. Cuando un Director de algún diario estaba a tiempo de jubilarse, Vázquez Raña le pedía al gobernador en turno que lo nombrara director de Prensa, como sucedió con el CP Carlos Martínez Inda a quien Rafael Corrales Ayala, Gobernador de Guanajuato lo nombro su director de Prensa y Relaciones Publicas.

Nota del autor: Le Agradezco mucho a Don Carlos por darme la oportunidad en El Sol del Bajío y el Sol del Sur del Bajío, de trabajar como reportero iniciando mi carrera. La dinámica de Don Carlos para dirigir un diario fue muy peculiar dado que daba una imagen a los diarios participando en múltiples actividades enfocadas a ayudar a la comunidad. Gozaba de editorializar los temas y convertirse en la noticia del día. Con su clásica corbata de moño, que le venía muy bien a su carisma, el Contador Público de Celaya, había trabajado en su profesión con mi tío abuelo, Jesús Morales García, en sus mueblerías, Casa Morales de Acámbaro. Posteriormente dirige los diarios y edifica un equipo sólido. Don Carlos como le llamábamos todos sus empleados, es un hombre muy serio y honesto, su familia vivía de una papelería que tenían en Celaya, de ahí sostenía a su familia, y nunca rompió la línea editorial para negociar algún interés personal. Su error fue el no percatarse de que su jubilación estaba cerca y el aceptar el puesto en el gobierno del estado lo afecto, pues cuando quiso renovar su permiso, Martínez Inda, ya no pudo regresar a la dirección de los diarios.

DONALD TRUMP ENDORSE THE CORRUPTION AND MURDER OF DRUG CARTELLS IN MEXICO.

En Guanajuato, no son los empleados de los diarios quienes manipulan la línea editorial, de ello se encargan los propietarios y sus socios.

Pero siempre tengo presente en mi corazón las bondades de Don Carlos Martínez Inda, un caballero con clase que sabia regañar a sus empleados sin enojarse. Mejor te invitaba una bebida y te hacia reflexionar.

INICIAMOS INFOSEL Y LA OFICINA DE REFORMA EN MEXICO

Cuando mi padre, Don Ezequiel Duran Sotelo falleció, yo laboraba en el diario EL NORTE de Monterrey, y renuncie para ayudar a mi madre; Ramón Alberto Garza me dijo: si te vas a Guanajuato necesitamos que nos ayudes con el proyecto del Bufete Informativo, INFOSEL, (Información Selectiva) tenemos unos amigos por allá que nos piden asesoría, en EL CENTRO de Irapuato, (mas tarde lo pide Enrique Gómez propietario de am de León) que desde su fundación copiaba paginas y formato de EL NORTE.

José Luis Vázquez Camarena y Reynaldo Álvarez del Castillo, y Enrique Pérez Cancio, me integran al diario como sub-director editorial, pero era un trabajo en el que hacia de todo un poco: reportear, corregir estilo y darle seguimiento a las historias.

Fue muy apasionante pues le pasaba notas a EL NORTE de temas que les interesaban y viceversa. El proyecto tuvo tanto éxito que de inmediato los diarios am y Contacto de León solicitaron el servicio. El estado de Guanajuato estaba sacudido políticamente, pues el ex regente de la ciudad de México, Ramón Aguirre Velázquez, tuvo que dimitir a la candidatura por las publicaciones del Wall Street Jornal y del editorialista escritor, Rafael Loret de Mola, padre ex gobernador de Yucatán, quien aparentemente fue asesinado en Guerrero por tales publicaciones.

El autor de este libro atendía su trabajo en EL CENTRO y también trabajo con Ana Luisa Anza en la corresponsalía de EL NORTE en la ciudad de México, pues Gregorio Armando Meraz y Juan José Prado le daban muchos problemas y no la reconocían como la encargada de la oficina. Cuando pudieron despedirlos, Ramon Alberto Garza, dijo que Alejandro Junco de la Vega, prefería liquidarlos con una buena cantidad de dinero: dos millones de pesos a cada uno para que no les dieran problemas a nivel gobierno federal.

Gregorio Armando Meraz, se fue de vacaciones a Europa con su novia, (asistente del Presidente Miguel de la Madrid); regresando de Europa hablo con Guillermo Ochoa y tanto Meraz como Prado fueron reincorporados de reporteros en Noticieros Televisa.

Meraz fue enviado a Televisa Tijuana, donde pudo lograr el apoyo de Azcárraga Jean, quien lo puso de corresponsal en San Diego y tan pronto perfecciono su inglés, fue promovido a corresponsal en Washington, donde honestamente ha hecho un notable trabajo.

Debo mencionar que los Meraz de Durango: Gregorio, Fernando, Norma, entre los mas destacados de siete hermanos, hijos de una profesora que siempre les enseño a sus hijos perfectamente a hablar con dicción y buena gramática.

Algo que les sirvió demasiado para destacarse en los medios como Fernando Meraz, quien fuera jefe de corresponsales de Excelsior; Norma quien fue reportera en Televisa ECO; y Gregorio quien se distancio del autor de este libro por los problemas con Ramon y Alejandro.

En los medios todos nos conocemos y nos sabemos historias uno del otro. Pues en el periodismo análogo, todos escribíamos en papel las historias en viejas maquinas de escribir, las computadoras iniciaban con muchas claves y sus sistemas operativos eran complicados no había la facilidad del "visual graphic interface, ni mouse". Los jefes de redacción nos gritaban delante de todos si la nota no tenía estructura periodística. Se aprendía demasiado.

"YO MAÑANA VOY A VENDER NOTICIAS, NO PAPEL" ABELARDO LEAL

No se puede hablar de periodismo sin mencionar a Don Abelardo Leal, Director Editorial de EL NORTE DE MONTERREY, único en el país pues junto con su padre del mismo nombre, ambos abogados de profesión desafiaron a Cervecería Cuauhtémoc cuando boicotearon al periódico para quitarle su parte a la familia Junco de la Vega.

Siempre le hizo honor a su apellido, Don Abelardo fue Leal al periodismo y su palabra, empresarios, abogados, políticos todos recurrían a él para un consejo u orientación.

Autor de una de las columnas mas leídas, MAKIAVELO, cuyo estilo reprodujeron luego en REFORMA bajo el nombre de PLAZA MAYOR, fue el éxito que marco la pauta de la línea editorial en Monterrey, a grado tal que los demás diarios la tomaban de referencia.

Tuve la fortuna de trabajar muy de cerca de Don Abelardo debido a que era reportero de la nota roja, y en Monterrey a menudo políticos, empresarios, y gente rica se ve involucrada por triángulos amorosos que desembocan en crímenes pasionales.

"Escríbalo No Lo Platique" me gritaba el hombre de guayabera, fumando sus cigarros Delicados, mientras preparaba su cafetera para recibir a las visitas que cada tarde desfilaban por su oficina. Era tal la cantidad de cigarrillos que fumaba que tuvieron que instalarle un extractor de aire pues hubo un momento en que se juntaba con amigos que también fumaban y la estela de humo se apreciaba por toda la redacción.

DONALD TRUMP ENDORSE THE CORRUPTION AND MURDER OF DRUG CARTELLS IN MEXICO.

Gracias a Don Abelardo aprendí los detalles del Código Penal de Nuevo León, así como el Código de Procedimientos Civiles, pues el lenguaje utilizado en un reportaje debería mantener la sustentabilidad legal para no ser mal interpretado.

Don Abelardo me puso dos excelentes maestros, Oscar Muraíra, quien ahora es Magistrado y Javier Núñez Meza, quienes cuidaban mucho los términos legales que le dan sentido a la interpretación de las notas, principalmente en las declaratorias que había que sintetizar muy bien en una nota.

Realmente Don Abelardo me dijo que no se puede ser periodista si no se tiene noción de las partes básicas de la Normatividad Legal del Estado basado en la Constitución y las Leyes.

Mientras que Ramón Alberto Garza me inspiro con esa vivacidad que le inyectaba el sabor a la narrativa para no perder detalle. A Martha Treviño le aprendí lo estratega, con sus radiantes ojos, te escaneaba, y viéndote el semblante tenia una idea de cómo te había ido durante la cobertura de determinado reportaje. Maestra de Profesión, de quien siempre sentiré un gran respeto por la manera en que me ayudo con la gramática, Martha se volvió en pieza estratega para conducir la línea editorial a grado tal que no solo se encarga de EL NORTE, (padre de Grupo Reforma) sino también de los diarios de Guadalajara y México.

Todos mis compañeros en el periódico hicieron ese engranaje que en los 80's hicieron del diario el gran líder de opinión no solo en la capital industrial de México, sino a nivel nacional.

UN HOMENAJE A MI TIO ABUELO, FRANCISCO MORALES GARCIA

Dolores Morales García, al graduarse de Maestra de Educación Primaria, en Morelia, Michoacán.

Quien peleo al lado del general Amaro y lo asistió en la fundación del Heroico Colegio Militar. Pese a que la historia de Mexico ha sido cruel con algunos héroes, nunca es tarde para rendirle homenaje. Francisco Morales García, tío abuelo del autor de este libro, (hermano de mi abuela, Dolores Morales García) peleo en las fuerzas del General Joaquín Amaro, y lo asistió fundando el Heroíco

Colegio Militar en Popotla.

Su hermana, mi amada abuela, Maria Dolores Morales Garcia, fue quien siempre nos hablo orgullosamente de su hermano Francisco, y me dijo que mi nombre no solamente es porque naci el 3 de Octubre, sino porque ella le pidió a mi madre, que me pusiera así, como tributo a su hermano para que no quedara en el olvido de la familia.

A book belongs to the readers mind.

Carlos Fuentes y esposa; Jane Fonda; Patricia Janiot; Abel Dimand; y Francisco M Duran Rosillo.

De acuerdo a las historias que Francisco Morales Garcia, le comentaba a su hermana, Dolores, -(abuela materna del autor de este libro, fotos arriba)- Joaquín Amaro Domínguez, no quería traidores en sus filas y mi tio abuelo luego que se retiro del Ejército nunca revelo detalles de sus actividades militares.

Francisco Morales Garcia fue muy leal y una vez retirado le obsequio su espadín a su hermano menor, Jesus Morales Garcia, quien la dio a su hijo Rubén Eduardo Morales Herrejón.

DONALD TRUMP ENDORSE THE CORRUPTION AND MURDER OF DRUG CARTELLS IN MEXICO.

Francisco Morales García, hermano de la abuela Dolores, fue de los hombres de confianza del General Joaquín Amaro

A book belongs to the readers mind.

Francisco Morales García y esposa Sara Guillén. Francisco fue militar de carrera, diplomado del Estado Mayor, peleó en la Revolución Mexicana junto al General Joaquín Amaro Domínguez. Juntos resguardaron con sus tropas a Álvaro

DONALD TRUMP ENDORSE THE CORRUPTION AND MURDER OF DRUG CARTELLS IN MEXICO.

'Ayúdenos, Dio

Foto: GERARDO GARCIA

MEXICO, D.F.- EL PRESIDENTE Miguel de la Madrid concedió una entrevista al licenciado Francisco Durán Rosillo, Sub-Director de Contenido de EL CENTRO.

El Presidente Miguel de la Madrid Hurtado, horas después de el sismo del 19 de Septiembre de 1985, negó la ayuda internacional, horas después hizo n recorrido en el que lo aborde casi a la fuerza, pues estaba rodeado del Estado Mayor Presidencial, que pretendían alejarme, pero no me deje, y como le grite: " Señor presidente, Usted negó la ayuda internacional; usted les va a dar de comer, vestir y curar a los miles de damnificados"; con mi grito se acerco mas gente del pueblo, entre ellos dos periodistas internacionales, los guardias presidenciales, dejaron de forcejearme y Miguel de la Madrid, arrogante, e hundido en su clásica ignorancia, cambio su semblante y la pregunta lo hizo tartamudear, al llegar mas corresponsales extranjeros y prensa nacional, contesto diciendo que su recorrido de ese momento era precisamente "para darse una magnitud de la tragedia". Al ver tanta gente el único funcionario que le acompañaba, Manuel Alonso, Vocero de la Presidencia, bajo del autobús, me reconoció y solo le hizo un gesto al presidente pera que siguiera hablando.

Nota del autor, años atrás, Manuel Alonso me pidió hablar a solas confidencialmente y yo me negué, La razón era que en la primera visita como Presidente de México a los empresarios regiomontanos, con los miembros mas importantes de su gabinete: Jesús Silva Herzog, entre otros, yo era reportero de El Norte de Monterrey y le capte una secuencia de fotos en la que durante la comida con las jerarquías empresariales Miguel de la Madrid saca de su camisa una cajetilla de cigarros marca importada: "Merit". Al llegar al periódico mostré en la redacción las fotos y Ramón Alberto Garza, dijo: "yo no fumo yo no se si son importados, yo no me meto", a lo que el subdirector editorial,

Manuel Galván que era un gran fumador, contesto en voz alta: " si son importados Merit, los he fumado, y como la reunión se debía a que estaban comprometiéndose empresarios y gobierno federal a proteger la producción para el consumo nacional, Se acerco Alejandro Junco al grupo preguntando lo que pasaba, yo me aleje, solo me dijo Manuel Galván, prepárate una nota van en la primera plana... te las firmo (así le llaman cuando le dan crédito al reportero) claro fírmamelas, fui el único que me percate.

ACUARTELAN AL ESTADO MAYOR PRESIDENCIAL POR NO CUIDAR LA IMAGEN DEL PRESIDENTE

Al día siguiente me llama Manuel Galván a su cubículo: "Frank ten cuidado, acuartelaron a los guardias presidenciales, soldados y judiciales que estaban ayer a cargo de la seguridad del evento, por no hacer nada para evitar que tomaras esas fotos y lograras todos los detalles para la nota".

La nota tuvo muchos efectos, positivos y, negativos, pues algunos judiciales se acercaron a mi, días después de la visita y me dijeron: "que bueno que lo publicaste Durán, nosotros hacemos todo el rondín de seguridad permanecemos en los lugares donde estará el presidente, sin comer, muchas veces hasta sin poder ir al baño y esos putos del Estado Mayor Presidencial son unas mierdas con nosotros; creen que con revisar todo y dejarnos en el lugar vigilando ,ya están haciendo todo, pero no están muy desorganizados".

Años después me visito en mi oficina, Arturo Castro Campuzano, ex-compañero de los Boy Scouts, que trabajaba en la policía judicial, que se entero del incidente y me confirmo la versión de que los miembros del Estado Mayor Presidencial no tienen estrategia. "Recuerdas a Anuar Del Rayo? Claro que lo recuerdo, también estaba en los Boy Scouts, bueno uniformado de teniente del Heroico Colegio Militar, vino y me saco su pistola calibre 45 para amenazarme, nunca se imagino que yo también estaba entrenado y que también estaba armado, y lo desarme".

Explico el ex-agente, quien me dijo que el problema de México es que hay in celo muy grande entre todos los rangos de castrenses, y policías, nadie se quiere y todos se odian, no hay una cooperación, y por ello los narcotraficantes y los mafiosos los compran, "esos pinches soldaditos solo sirven para cuidar las familias de los políticos, extorsionar, mientras se arrodillan con los narcos hambreados de dinero, por eso no progresamos, el ejército sigue a cargo de la seguridad y ve las cosas no cambian, no pueden con la delincuencia, porque esta mas organizada que ellos; pobre de México que llego a tener históricamente un Ejército garante, que controlaban todo solo con cortar cartucho, y lo lograban porque tenían indios de la Sierra, que no pendejeaban con celulares, ahora el Ejército Mexicano tiene graves problemas por la alta deserción, por estar dividido, y porque han aceptado centroamericanos y pandilleros en sus filas. O sea quieren asesinos manipulables que los controlan con drogas, ya no es como antes que era un ejercito que llegaba hasta la verdad de las cosas, y su acción era meramente constitucional bajo la directriz del presidente de la republica y sus oficiales, ahora han vendido al Ejercito Mexicano al mejor postor: El Narcotráfico. El trasiego de drogas sigue, el secuestro esta peor que nunca y la corrupción avanza a nivel galopante. Nunca me ha gustado escribir irresponsablemente, para instrumentar esta nota hable con el Capitán Primero, Gilberto Plutarco Estrada González, quien tuvo una carrera intachable, siempre estuvo en contra de la corrupción en las filas castrenses, pero al percatarse que los "Z's" habían entregado hasta los domicilios y fotos de las familias de todos los mandos del Ejército Mexicano al Cartel de Medellín, prefirió jubilarse antes de tiempo y trabajar como ingeniero.

Viviendo en Los Estados Unidos entreviste a varios ex-soldados mexicanos que desertaron por las situaciones tan difíciles dentro del Ejercito y Marina, uno de ellos si quiso hablar: "no hay lealtad a la patria, los generales con todo que son de división y están diplomados por el Estado Mayor, o sea el máximo rango, están vendidos a los intereses extranjeros de las mafias, pisoteando al pueblo, por eso huimos, él, él y yo, el señor es periodista esta escribiendo un libro, dile no seas puto. Dile la verdad, como la pasábamos en El Estado de México, cuidando a la "Barbie" narcotraficante extraditado a los Estados Unidos. "Dile cuando uniformados fuimos a recoger costales llenos de dólares para entregarlos a Francisco Labastida Ochoa, para que pagara su campaña Presidencial, por eso Vicente Fox gano, todos los militares nos dimos cuenta de ello. No señor ha habido muchos intentos de rebelión dentro de las fuerzas armadas, que nos impiden cuidar al pueblo, todos los que incineramos a los de Ayotzinapa ya andamos acá en los Estados Unidos y Canadá, porque nos advirtieron que harían lo mismo con nuestras familias", dijo el ex-soldado ya con lagrimas en los ojos y contrariados.

"Para que no nos deportaran ya rajamos con las autoridades norteamericanas, el gobierno americano ya sabe quien dio las ordenes de matarlos, pero antes de eso nos obligaron a darles una tortura completamente inhumana, irreal, ya nos pedían que mejor los matáramos…. No se ni porque hijos de la chingada se lo estamos diciendo, explicaban los tres exmilitares que trabajaban en un restaurante mexicano en Alpharetta, Georgia, mire tenemos que andar juntos, para cuidarnos, nuestras familias se han ido a vivir a la ciudad y les giramos de manera anónima con nombres falso que usamos por acá; esa elección que se hizo que disque democráticamente, se debió a que no podían con las presiones Osorio Chong, y otros más saben que son los responsables. Osorio Chongo es el mayor narcotraficante de México, controla mercados de las armas internacionales las recibe de China por Lázaro Cárdenas y las vende en Centro América y nos utilizaba a nosotros los soldados para que custodiáramos la carga, éramos una elite que solo hacíamos trabajos especiales, siempre traíamos otras dos armas que no eran oficiales, las cuales debíamos utilizar en los "trabajitos".

Nos sentimos mas traidores por obedecer tales órdenes, que nos las daba un sub-oficial, pero sabíamos que venían de muy arriba, no nos molestaban, ni los policías federales, ni marinos se metían con nosotros.

Cuando fuimos por los de Ayotzinapa la orden ya estaba dada por el General Mario Arturo Acosta Chaparro, quien fue la mano derecha de Felipe Calderón y que siempre ha controlado a todos los carteles, por tal motivo a este militar se le ha respetado su autoridad y ha sido el ingeniero de casos de lo que considera él son polvorines.

A Edgar Valdez Villarreal, "la Barbie" el gobierno mexicano lo extradito, hasta que le quitaron todo el dinero, pero su cartel quedo a cargo de alguien más, son negocios sofisticados que como dejan muchas ganancias, no pueden desaparecer.

Los soldados indican que todos los funcionarios federales involucrados con el narco, se desbordan de poder, quieren controlar todo, y es fácil distinguirlos.

"Todo esta relacionado, cuando incineramos a los 43, fueron los mismos políticos que nos mandaron para los Estados Unidos en grupos de 10; somos 40 soldados un cabo y un oficial, que nos dieron trabajo en los restaurantes donde los narcos lavan dinero", explicaron, pero nosotros 10 nos movimos a otro lugar fuimos a hablar con un detective, quien nos oriento para que ya no estuviéramos en ese sector y nos trajo para acá; lo de Ayotzinapa sigue muy caliente, eso no lo pueden tapar, el Puto de Osorio Chong, fue el que envió en clave por la radio militar: DESAPARESCANLOS". "Pero como en México nunca han encarcelado a un político de alto nivel, los jodidos somos nosotros, mira a Manuel Barttlet, mando asesinar al agente de la DEA, Enrique "Quiqui" Camarena, y nunca pisara una cárcel, pese a que su voz se filtró en una grabación, pero nadie hará nada, Barttlet también desapareció gente" explico el soldado que pidió parar la conversación por haber hablado mucho y que eso los pone en riesgo.

INDOCUMENTADOS INVERTÍAN AHORROS; AHORA QUIEREN QUEDARSE EN EU, ESTAN CANSADOS DE CORRUPCION EN MEXICO

DONALD TRUMP ENDORSE THE CORRUPTION AND MURDER OF DRUG CARTELLS IN MEXICO.

Los ciclos de la migración hacia los Estados Unidos, tienen como que generaciones, un tiempo solo se venían los hombres e iban a visitar a las familias; pero como la pasada es mas cara, (no mas difícil) cada vez, ahora se vienen con la familia.

Ahora los mismos mexicanos migrantes dicen: "acá hay todo, para que voy a México... para que me maten, pinches políticos se quedan con todo, pal pueblo nada", algunos les hablan muy mal de México a los hijos, otros les platican historias de sus abuelos, el rancho, con una visión mas agradable.

Es muy triste que he visto jóvenes con todas las características de Mexicanos y no quieren hablar español, y si se les pregunta algo son muy groseros, creo que los padres deben ser mas consecuentes y decirles la verdad. Ahora en México hay mucha corrupción y problemas pero se puede vivir, la violencia y el hostigamiento del narco es solo en ciertas regiones.

Ahora hay que reconocer que los políticos que quieren apoderarse y controlar los sectores son los que usan a los narcos, para que intimiden a la gente.

Cuando un grupo de delincuentes azotan a una comunidad, el responsable es el político que representa ese sector, como dijo el ex-gobernador Sócrates Rizo, el narco siempre negocia todo con los funcionarios para que tengan su territorio, sus rutas y todo por donde operar.

Estados Unidos nunca ayuda a México, sabe perfectamente quienes son los corruptos, sabe donde tienen su dinero en los paraísos fiscales, y sus familias en buenas universidades, pero nunca hace nada porque les conviene, pues un pueblo dividido, sin justicia social, ni democracia les conviene porque hay mejores maneras de explotarlo.

Todas las historias son recopilación de artículos periodísticos a lo largo de los años. El autor es ajeno a cualquier interpretación de las historias y los datos son responsabilidad de las personas entrevistadas para este, de los cuales algunos pidieron el anonimato.

El propósito de este libro es informar y alcanzar la verdad sobre los hechos, ni el autor ni la diseñadora gráfica, ni la editorial reciben ninguna ganancia de la venta y circulación de este libro, ya que lo poco o mucho que se obtenga será donado al Hospital Saint Jude de los niños con Cáncer.

Hay Chicanos, Texicanos, Mexicoamericanos Cubanos, Colombianos y Salvadoreños muy productivos e inteligentes pero los lectores tienen que entender que el autor se enfocó en la problemática actual de las drogas, explotación y malos tratos al inmigrante en los que una minoría de éstos participa.

DONALD TRUMP ENDORSE THE CORRUPTION AND MURDER OF DRUG CARTELLS IN MEXICO.

"EL OTRO MEXICO", NO ES AJENO A LA PATRIA, PUES PESE A QUE TIENE LA BANDERA DE LAS BARRAS Y ESTRELLAS, EN EL PASADO FUE MEXICO, MUCHOS MEXICANOS ESTAMOS AHI: **EN EL OTRO MÉXICO: POR FRANCISCO M DURAN ROSILLO/VANGUARDIA**

Lo llevamos en el corazón, cuando le cantamos lo llevamos en la piel, cuando bebemos unos tequilas pedimos que nos traigan y digan que estoy dormido…, pero cuando vivimos lejos e inmersos en otra cultura cosmopolita agitada por la globalización política y etiquetados para hacer los trabajos más pesados vemos que nuestros políticos nos desterraron con la miseria para quedarse con la riqueza de ese México del que se siguen enriqueciendo.

"El Otro México" no es solo el nombre de esta columna semanal, es la narración de la vida cotidiana de un periodista mexicano que ha vivido 30 años en Georgia, Estados Unidos, luego de haber estudiado en México y California, pero cuyo impacto de cubrir noticias policiacas y políticas, impresas en diarios te hace recordar ese gran documento de referencia histórica llamado periódico, y quieres volver a escribir.

De los medios tradicionales esta la disyuntiva de los diarios entre seguir haciendo copias impresas o quedar digital; los estudios de Instituto Nacional del papel recomiendan que el periódico debe seguir publicándose en papel porque hay una infinidad de usos, aparte de hacer una hemeroteca, algunos ejemplos: conservación de semillas de algunas legumbres para volverlas a plantar una vez que regrese la temporada, se protegen en periodico; para los chicos reconozcan las letras, las recorten para hacer letreros; cuando van al retrete hay que leerse un buen chiste de Catón y muchos reciclan el papel generándole otro uso.

Ahora los canales de televisión tienen sus revistas para reforzar la promoción y se publican paralelamente en redes sociales para promocionarse con el famoso fenómeno transmedia, pero el hecho es que como me hice periodista en radio y periódicos, siento que pertenezco a sus páginas. Tengo mis subscripciones a diarios digitales pero ordeno mi "hard copy" del fin de semana.

Y como a mis paisanos difícilmente les dejan utilizar el celular en el trabajo, cuando van al descanso ya tendrán una copia de mi columna impresa para leerla, el periódico es como el tequila, ninguna otra bebida le ha podido reemplazar, por ello aquí les va mi tema de hoy.

PARA QUE LA CUÑA APRIETE TIENE QUE SER DEL MISMO PALO.

Ana Hernández llego a Atlanta en los 90's procedente de Michoacán, con 2 de sus hermanos y su padre. La mamá se quedó a cuidar nietos y conservar su plaza de maestra, ya que la jubilación estaba próxima y no le convenia perderla.

Al llegar a Atlanta, cada quien obtuvo dos empleos para ahorrar y pagar los 15 mil dólares de los coyotes, pues hay tarifas y mientras mas cara, menos riesgosa es la pasada. (luego les detallare una columna de como son las pasadas por la frontera ya que tengo una entrevista con un agente de migración).

Los Hernández trabajaban en restaurantes de mañana en comidas rápidas y por la noche en lugares de lujo, donde el sueldo son dos dólares por hora, pero las propinas son buenas y al final de la noche, el propietario las reparte entre todos los empleados.

Al paso de dos años, Ana convence a sus hermanos de traerse a otros hermanos y hermanas y hacer su propio restaurante, todo fue alegría, le hablaron al coyote y por ser clientes ya tenían crédito y al convencer a la familia, los trajeron en dos semanas. Ya estando juntos 6 de los 8 hermanos con su padre, se organizaron y trabajaron mas duro para juntar para la compra de equipo de cocina y pagar nuevamente al coyote, pero ahora les dio un descuento porque venían las olimpiadas a Atlanta y había muchísima demanda de mano de obra para las venias deportivas, los restaurantes y toda la infraestructura que los 100 años del evento deportivo merecía.

Nos venimos a Atlanta porque en México llego el rumor de que los hermanos Macias llegaron lavando platos y en unos años fundaron 6 restaurantes "El Toro" todos ellos originarios de un pueblo de Jalisco cercano a Michoacán, eso también les abrió los ojos a los traficantes de humanos y uno de ellos hizo arreglos con una constructora que estaba a cargo del parque Olímpico y le trajo 500 indocumentados en dos días. Los americanos estaban maravillados con la ola de Mexicanos pues no se quejaban, trabajaban duro hasta los domingos y se conformaban con lo que les pagaran.

Ana relata que tuvo dos hermanos trabajando en construcción ya que si eran buenos a las dos semanas les pagaban de 10 a 15 dólares la hora, principalmente si sabían trabajar con cemento y ladrillos. Básicamente había trabajo para todos.

A los 9 meses, Ana tiene a su ilusión en las manos, no era un bebe, sino los 15 mil dolares para comprar dos refrigeradores de restaurante, dos parrillas grandes y las campanas del humo que son reguladas por las autoridades sanitarias.

Emocionada, Ana les dijo a sus hermanos que pidieran un día libre para ir a buscar un local y rentarlo, visitaron varios lugares llamaban a los agentes de bienes y raíces, pero tremenda sorpresa, carecían de identidad legal y número de seguro social.

Un tanto desanimados se metieron a una tienda mexicana, y le preguntaron al dueño que cuanto pagaba de renta, el astuto comerciante no les contesto, solo les dijo que bastante dinero, ellos un tanto alterados por la decepción le dijeron que buscaban un local para hacer su sueño realidad: "queremos poner nuestro restaurante". El comerciante solo se froto las manos y les dijo: "no faltaba más, acá en el rincón de la parte posterior del local lo podemos hacer, yo les rento, ustedes solo traen sus muebles, utensilios y mesas, y yo hasta les puedo vender los ingredientes a bajo precio evitándoles viajes innecesarios a los mercados que quedan muy lejos".

Ana Hernández y sus hermanos decidieron ahí mismo que era la única opción y que ya nadie quería ser empleado, todos deseaban trabajar para "ellos mismos", y le preguntaron el costo de la renta y le comerciante les dijo que serian dos mil quinientos dólares y el depósito. Como traían efectivo solo les dio un recibo apuntado y les dijo que cuando quisieran podían empezar a traer las cosas.

A los dos días, ya tenían instalada la campana sobre las parrillas tal como lo indica la ley, los refrigeradores, un mostrador y 4 mesas, y empezaron a cocinar deliciosos tamales, tacos, tostadas, tortas, caldos: "levantamuertos", "quitacrudas", para cambiarse "de Manuel Doblado a Paraguay" y todo tipo de antojitos, sopes, garnachas, etcétera.

Al Poner en la vidriera del frente una cartulina verde neón con los nombres de los antojitos, indicando taquería al fondo, el negocio fue un éxito, el propietario de la tienda no daba crédito a lo que veía, pensaba que con vender carnes, tortillas y verduras para hacer salsas, jabones, y artículos de primera necesitad aunado a los envíos de dinero, tenia un negocio completo, pero los Hernández le llevaron lo que le faltaba.

Abrían la taquería de las 7 am hasta las 10 de la noche, los tacos los cobran a $2.50 y van en tortillas pequeñas como les sugirió el propietario del local, quien era su abastecedor, de jueves a lunes vendían mil tacos, mil tamales y no menos de 500 tortas diariamente.

Ana dice que el dueño de la tienda les decía que ya eran una familia, y que los "ayudaría en todo, de hecho les pidió que si sus dos hijas les podían ayudar en las tardes luego de la escuela, para que no se les hiciera tan pesado". Ana nunca se imagino que las jovencitas estarían aprendiéndoles la manera de cocinar todo, y así fue. Lo peor es que hasta les pagaban.

Al cumplir un año el propietario les dice que el propietario del complejo se le puso muy pesado y que le doblo la renta, motivo por el cual ahora debían pagar $5 000,00 y bueno lo entendieron, lo bueno es que el negocio no fallaba, llegaban los trabajadores de las constructoras y se llevaban hasta doscientas tortas. El generoso negocio les estaba redituando y el entusiasmo crecía pues siguieron ayudando a los suyos en México.

A los dos años, el propietario se valió de que unos policías fueron a comprar a la tienda, y como los Hernández, no entendían inglés, se valió de ello, y les dijo que al cerrar se quedaran para platicar unos minutos. Lo cual así fue. Ana relata que les dijo que los policías fueron a multarlo porque faltaban permisos para el restaurante, pero que él como los quiere como familia, dio la cara por ellos y arreglo todo, solo que le tenían que dar tres mil dólares para los gastos.

Sin dudarlo, los Hernández lo hicieron y todo siguió como si nada, las ventas crecían e incluso los policías regresaron, pero ya no hablaron con el propietario, se metieron a comer tacos, Ana dice que los atendió bien y uno de ellos era de Puerto Rico y hablaba español. Le pregunto Ana discretamente si ellos verificaban lo de los permisos, a lo que el uniformado dijo que ellos no tienen nada que ver en eso, y que partiendo de que la tienda vende comestibles ya tenia un permiso para empacar porque hacen bolsas de nopales.

Ana se quedo callada y empezó a preguntarle a su hermano menor que si por favor un día no se iba a dar una caminata en el centro comercial e indagaba las rentas porque un local se estaba desocupando. Así lo hizo, y tremenda sorpresa las rentas en esos anos eran dos mil dolares al mes, incluida el agua.

Los Hernández hicieron una reunión en casa y confrontaron al propietario quien astutamente les dijo varias mentiras, se altero y les dijo que los había ayudado bastante, que seria mejor llamar a las autoridades para que los detuvieran. Que seria mejor que se fueran, los Hernández intimidados por la amenaza y temerosos de perder el dinerito que habían ganado, mandaron al papa con varios hermanos y el dinero a México y solo Ana y su hermano se quedaron en Atlanta, a tratar de consultar con un abogado la situación.

El abogado les dijo que lamentablemente al no haber un contrato no podía hacer nada para ayudarlos, y que como propietario del negocio tenia todo el derecho de correrlos. Ana dijo que se resigno y ella y su hermano regresaron de asalariados a los restaurantes donde trabajaban anteriormente.

Comenta que en poco mas de dos anos lograron ahorrar 40 mil dolares que no hubieran podido ganar en Mexico, aparte del dinero mensual que le enviaban a su mama. Pero su padre y hermanos se lo llevaron para construir una casa para todos.

Ana y su hermano trabajaron duro desde entonces y el 2019 su hermano sufrió un derrame cerebral, y por no tener seguro ni documentos, se les complico todo, pero afortunadamente les atendieron en el Hospital Publico Grady Memorial, ahora la pandemia los tomo por sorpresa.

Sin trabajo ambos, viven de comida que les dan en el Consulado de México y en las iglesias, de no ser por ello no podrían comer. Ana siente que los años se le escaparon de las manos junto con los pocos ahorros y aquellas emociones fugaces, se les fueron, entendieron que el venir a Estados Unidos sin saber ni conocer gente, es como lanzarse a un oscuro precipicio sin fondo.

El indocumentado, no tiene derechos, son presa fácil de muchos, desde las tiendas de celulares, hasta de los taqueros, bailarinas colombianas y dominicanas, así como los taxistas, todos especialistas en estafarlos.

"El Otro México" existe, y está en Estados Unidos, en el país de las oportunidades que es una potencia mundial y que se jacta de que se respetan los derechos y la justicia, pero cuando caen en manos de los mismos latinos, todo es un fracaso. Todo empieza desde la pasada, los mismos coyotes ya conocen el movimiento y ven a los inmigrantes como semillas y cuando los enganchan, solo hablan por el celular "ahí te llevo una buena bailarina" y los obligan como parte de la pasada.

La malicia de los otros hace una cadena de abuso, lujuria y explotación de la que nadie sabe porque todo sucede entre hispanos, que somos la versión del esclavismo moderno.

A book belongs to the readers mind.

RECLAMAN DERECHOS DE NEGROS Y DE LOS MEXICANOS CUÁNDO, MUCHOS HAN SIDO ASESINADOS POR POLICIAS:

POR FRANCISCO M DURÁN ROSILLO/ VANGUARDIA/ GUERRERO HABLA

Ahora que reclaman los derechos de los afroamericanos muertos a manos de la policía son aproximadamente mil muertos en 2019 y aproximadamente 40 en lo que va del 2020 de acuerdo a un reporte de US News. Pero los mexicanos indocumentados también tienen un porcentaje alto que nadie reclama y que muchas veces por no saber inglés los reportes de la Policía son manipulados, pero son casi 800 en los mismos periodos de tiempo.

Solo como ejemplo les pongo la historia de un indocumentado epiléptico que llega a la recepción de un hospital de Nashville, Tennessee para pedir ayuda, al no saber inglés, la recepcionista se espanta y llama a la seguridad, un policía local que custodiaba, quien al ver al hombre sacudiéndose y deteniéndose del mostrador, saca su arma y lo acribilla con 8 tiros.

La autopsia y los amigos confirmaron que era epiléptico, el caso quedo como un intento de asalto. Eloy Treviño líder comunitario que trato de ayudarlo, pero prefirió quedarse callado pues también era indocumentado, y la policía le permitió organizar dos bailes para reunir los fondos para transportar el cadáver a México en los que recolecto mas de $160 mil dólares, pero a los deudos solo entrego $30 mil.

DONALD TRUMP ENDORSE THE CORRUPTION AND MURDER OF DRUG CARTELLS IN MEXICO.

Así hay infinidad de mexicanos muertos a manos de la policía, pero los pocos lideres comunitarios aprovechan la ocasión para lucrar ya que es mas benéfico para ellos, que ayudarlos y protestar.

Si se analizan los archivos policiacos y de medios hay tantos abusos policiacos contra los inmigrantes mexicanos y hasta peores de los que cometen contra los afroamericanos, pero el lucro es mejor que defender los derechos de nuestra gente. Los únicos casos que si obtienen cierta justicia es cuando intervienen los funcionarios consulares, pero cuando son casos alejados de las jurisdicciones consulares en muchas ocasiones pasan casi desapercibidos.

Se olvidan de la justicia a los mexicanos, ¡no!, lo que sucede es que mucha gente trabaja dos empleos, son temerosos de protestar porque piensan que les afectara el día que hagan algún tramite migratorio y su condición de indocumentados les hace pensar que no obtendrán ningún beneficio.

Hay muchos abogados interesados en tomar los casos, porque es un caso muy grande demandar a un departamento de policía, o a la ciudad a la que representa, pero si no existe evidencia suficiente y por lo menos cuatro testigos, el caso no procede.

Ahora que toda la gente graba videos y los ponen en las redes sociales los casos trascienden un poco más, pero el abuso policial es algo que siempre ha existido, pero por la barrera del lenguaje y la poca propagación de noticias, muchas veces no se da a conocer.

Otro aspecto que 'enmudece los asesinatos de mexicanos a manos de policías' es que cuando hacen un arreglo extrajudicial, a los deudos los hacen firmar documentos en los que los comprometen a no poder mencionar el caso en ningún medio masivo, ni organización de defensa de derechos, les dan una cantidad compensatoria y les dejan bien claro que los pueden hasta encarcelar si hablan.

Prácticamente los amenazan y las familias quedan calladas sin querer problemas, y aunque la justicia es manipulada por los presuntos responsables, comunidad inmigrante esta sofocada desde hace décadas sin que haya alguna solución a tanto atropello.

Pese a que hay muchos abogados interesados para tomar ciertos casos, solamente se fijan en los que privilegian sus intereses tanto en lo político como en lo económico y solo toman los casos que representan un fallo seguro tanto en lo legal como en la compensación.

El latino no tiene voz social porque los intereses que le arrinconan condenándolo a ser un trabajador de la versión del esclavismo moderno. Los gobiernos anteriores tanto de los Estados Unidos como el de México velaban mas de cerca por el trabajador en cuanto a sus derechos laborales, pero ahora se ve en algunos casos, en que si los trabajadores no recurren a reclamar ayuda.

DONALD TRUMP ENDORSE THE CORRUPTION AND MURDER OF DRUG CARTELLS IN MEXICO.

Es muy triste pues los mexicanos trabajan hasta dos empleos de lunes a domingo, pagamos mas impuestos, al igual que los afroamericanos también fuimos traídos como esclavos décadas después, cuando la unión americana participa en las guerras, y no hay un balance en el reconocimiento a los derechos.

Antonio Arteaga, originario de Zacatecas, con más de 40 años trabajando en la construcción a lado de sus 4 hijos y 5 yernos, dice que, en muchas ocasiones, algunos afroamericanos se paran en vehículos al lado de las construcciones para asaltarlos el día de pago.

Dice que en decenas de ocasiones los pandilleros afroamericanos los han extorsionado y para el inmigrante trabajador, mexicano, no hay respuesta a la policía a ningún nivel.

Varios mexicanos dicen que los afroamericanos, gracias al PH D Martin Luther King han sabido construir un legado, pero como los mexicanos no tenemos líderes, sus derechos quedan muy relegados pese a que en ocasiones también somos discriminados, torturados y hasta pisoteados.

El contenido de este libro esta basado en entrevistas obtenidas con personas involucradas directamente en los casos, algunos de ellos pidieron el anonimato. El resto son aspectos de narrativa de novela de un mundo de controversia y especulaciones e investigaciones periodísticas en torno a Turner Broadcasting System, no confirmadas en su totalidad.En el libro se vierten opiniones de mucha gente y nos apegamos a la primera enmienda constitucional de los Estados Unidos.

(America Underground; En Manos de Quien Estamos los Mexicanos are quite obviously inspired by events surroanding many aspecto of the latino community and Turner Broadcasting System ownership changes. The rest occurred only in the imaginary world inhabited by the characters of the stories, his friends and his enemies.)

Cualquier similitud de nombres o parecidos es mera coincidencia y conforme a la primera enmienda constitucional de los Estados Unidos el autor esta haciendo uso de este derecho.

Todas las historias son resultado de declaraciones de entrevistas y documentos periodísticos.

"America Underground; En Manos de Quien Estamos los Mexicanos"; registrado en la Librería del Congreso de los Estados Unidos bajo el ISBN 978-168418554-2.

Este libro se imprimió en los talleres de

BookBaby · Address

7905 N Crescent Blvd, Pennsauken, NJ 08110

Comentarios para el autor favor de escribir a frankduran@duransmedia.com

Francisco M. Durán Rosillo es Nacido en Acámbaro, Guanajuato, Mexico.

Egresado de la Universidad Regiomontana LCC 1985; ITT Tech Networks Security & Computer Science 2004. Post Graduados en ITSEM; Georgia State University; University of California in San Diego.

DONALD TRUMP ENDORSE THE CORRUPTION AND MURDER OF DRUG CARTELLS IN MEXICO.

Libros: **"Olvídese Frank Desde el Panteón No Podremos hacer Periodismo"**; **"Mi "Mestizaje Mágico Nuestra Gran Herencia"**; **"America Underground, En Manos de Quien Estamos los Mexicanos"**; Libros en colaboración: **"Nada Ni Nadie, las Voces del Temblor"** Elena Poniatowska; **"Pena de Muerte"**, Sergio Jaubert. **"Desperados"**.

Francisco M Durán Rosillo ha trabajado en Periódico El Norte de Monterrey, Reportero Investigador, Infosel, Grupo Reforma; Televisa Monterrey, Redactor y Reportero; Turner Broadcasting System TNT, Asistente de la Vice Presidente y Gerente General, Charlotte Leonard; Coordinador de Investigaciones; Programador y Adquisiciones; CNN asistente de Ted Rubinstein y David Martin para temas hispanos en CNN IMPACT y Noticias de Cobertura Especial; Promoción del lanzamiento de CNN en Español con el Productor Michael Hessing; Cartoon Network, Control de Calidad con Cindy Kerr; LAPTV FOX international TV Supervisor de Contenidos de los Espacios Comerciales; Cox Media encargado de los mercados hispanohablantes para coordinar los espacios publicitarios y estrategia de contenidos; La Vision Media Group, Editorialista y Analista. Para mas detalles pueden abrir su profile buscando su nombre en el buscador Google engine.

Agradecimientos:

A mi esposa Esperanza, mi hijo Manuel, los amo con toda mi alma.

A mis amados Padres Enrique Ezequiel Durán Sotelo, María Clemencia Rosillo Morales; hermanas, Margarita Patricia y Yanina Nikandra.

Don Abelardo Leal, hombre de palabra, que fue traicionado por quienes tanto ayudo.

A book belongs to the readers mind.

Ramón Alberto Garza Garcia, implacable, polémico que si hubiese trabajado para su propia empresa hubiese sido otra cosa.

Alejandro y Rodolfo Junco de la Vega, caballeros del periodismo, gracias por la oportunidad, les falto crecer en las calles de México para conocer al pueblo, pues nunca acabaran de entender al jodido, su elitismo los desenfoca de la realidad.

A la Señora Victoria Chacón Presidenta del Grupo Visión y todo su equipo, que aunque no tienen nada que ver con el contenido del libro, han sido maravillosos en impulsar a la comunidad. Victoria Chacón, y Oromil Figueroa, le dan voz a aquellos que no la tienen en el El Periódico La Visión y LaVisionRadio.Net; Gracias a todo éste integro equipo profesional de periodistas y colaboradores que ayudan a recopilar la verdad del diario vivir del inmigrante en Georgia. Periodistas Oromi León Figueroa; Rosy Morales Cantú; Rogelio Ríos Herrán; PHD Leticia Treviño; Mario Tenorio; Alexia Rios Hiaiachi; Alessandra Flo Shá; Richard Solano; Zul Luna; Ricky Espinosa; Corine Oviedo; Gilbert Montero y Michelle Hutchinson; y así como todos los calificados colaboradores de este gran medio masivo.

Este libro esta dedicado a todos los inmigrantes, los que buscan un sueño y muchos de ellos se topan con una pesadilla... no se rindan, es temporal, les pido que no dejen de soñar porque al despertar a una nueva realidad tendremos la gran bendición de un nuevo despertar cada día.

Toda la información fue obtenida por el autor con voceros y testigos, cualquier diferencia de tiempo y cosas podría ser un error de interpretación de las averiguaciones aun pendientes. Turner Broadcasting System y Time Warner siguen siendo empresas solidas en credibilidad, y los errores de unos cuantos que quisieron enriquecerse con trampas y mentiras, los alejara de ese gran equipo que por décadas luchamos con trabajo arduo por hacer crecer la marca de los canales hasta darles un prestigio mundial.

Cualquier nombre es una coincidencia que por casualidad pudiesen parecerse a los hechos actuales y este libro es una narrativa en modalidad de novela en la que se intenta recrear historias meramente con fines de entretenimiento.

A book belongs to the readers mind.

THIS BOOK COVER GRAPHIC DESIGN HAS BEEN MADE POSSIBLE BY CAMERON CABANA.

To my associate, Cameron Cabana: An enthusiastic young, smart girl, who accepted the challenge of creating the creative cover of this book. She is learning graphic design by herself and I did not influence her about what I would like for the cover. I just told her that I would be talking about the principles of freedom for minorities in this country. When she gave me the draft, I found no mistake. The cover is everything I dreamed.

Book covers have to make a good first impression, one that represents the heart of the book something that is smart looking and has a punch to it. After showing it to some experts, they agreed with me that Cameron's illustration is flawless in its representation.

The meaning of the graphic is of a lady that symbolizes motherhood holding the lotus flower; the only flower that produces seeds as it grows. For many years, the lotus flower has been used in many civilizations to show the evolution of disciplines of the mind, religions, power, and passions.

We are given the power of life by our mother and it also enhanced and strengthened by Mother Earth. Sharing life like the purity of the lotus is the truth of the events reflected in this book and on the cover. Cameron, you put a lot of enthusiasm into this project and you symbolize independent women. By your commendable attitude, you are a reflection of the admirable values of your grandparents and parents. Her focus to help her siblings and meet her dream to study graphic design in New York. This sets her apart from other teenagers who are more concerned with "likes" on social networks.

Cameron's graphics reflect the richness of her dreams for life, as she did for this book. By following her dreams, she has the skills to send messages without words. She found the semantic of graphic design. Everything she designs, she does with the sensibility of a young new generation that is reforming the world.

Cameron understands this melting pot better due to her multicultural background. I talked to her mother and her grandparents to ask them if they will agree to allow her to create this book cover. Judge for yourself whether we are living the resurge of Mother Nature as a force on the earth exclaiming to men, stop the destruction, storms, volcanos, draughts, and other catastrophic disasters. A signal that we have to change; otherwise, Mother Earth will no longer take care of us.

Thank You, Cameron; I am sure you will achieve a lot of success in your life.

A book belongs to the readers mind.

Now the great skills of Cameron Cavana, if you love animation and milenial art here is the best:

To have more details contact Cameron to her email: spirucrisrevolution@gmail.com

DONALD TRUMP ENDORSE THE CORRUPTION AND MURDER OF DRUG CARTELLS IN MEXICO.

A book belongs to the readers mind.

DONALD TRUMP ENDORSE THE CORRUPTION AND MURDER OF DRUG CARTELLS IN MEXICO.